海上絲綢之路基本文獻叢書

泉南雜志 使琉球録

〔明〕陳懋仁 撰／〔明〕陳侃 撰

文物出版社

圖書在版編目（CIP）數據

泉南雜志 /（明）陳懋仁撰. 使琉球録 /（明）陳侃撰. -- 北京 : 文物出版社，2022.7
（海上絲綢之路基本文獻叢書）
ISBN 978-7-5010-7598-0

Ⅰ. ①泉… ②使… Ⅱ. ①陳… ②陳… Ⅲ. ①泉州—概況—明代②中外關係—國際關係史—研究—琉球—明代
Ⅳ. ① K925.7 ② D829.313

中國版本圖書館 CIP 數據核字（2022）第 086705 號

海上絲綢之路基本文獻叢書
泉南雜志·使琉球録

撰　　者：〔明〕陳懋仁　〔明〕陳侃
策　　劃：盛世博閱（北京）文化有限責任公司

封面設計：鞏榮彪
責任編輯：劉永海
責任印製：張道奇

出版發行：文物出版社
社　　址：北京市東城區東直門内北小街 2 號樓
郵　　編：100007
網　　址：http://www.wenwu.com
經　　銷：新華書店
印　　刷：北京旺都印務有限公司
開　　本：787mm×1092mm　1/16
印　　張：14.75
版　　次：2022 年 7 月第 1 版
印　　次：2022 年 7 月第 1 次印刷
書　　號：ISBN 978-7-5010-7598-0
定　　價：98.00 圓

總緒

海上絲綢之路，一般意義上是指從秦漢至鴉片戰争前中國與世界進行政治、經濟、文化交流的海上通道，主要分爲經由黄海、東海的海路最終抵達日本列島及朝鮮半島的東海航綫和以徐聞、合浦、廣州、泉州爲起點通往東南亞及印度洋地區的南海航綫。

在中國古代文獻中，最早、最詳細記載『海上絲綢之路』航綫的是東漢班固的《漢書·地理志》，詳細記載了西漢黄門譯長率領應募者入海『齎黄金雜繒而往』之事，書中所出現的地理記載與東南亞地區相關，并與實際的地理狀况基本相符。

東漢後，中國進入魏晉南北朝長達三百多年的分裂割據時期，絲路上的交往也走向低谷。這一時期的絲路交往，以法顯的西行最爲著名。法顯作爲從陸路西行到印度，再由海路回國的第一人，根據親身經歷所寫的《佛國記》（又稱《法顯傳》）一書，詳細介紹了古代中亞和印度、巴基斯坦、斯里蘭卡等地的歷史及風土人情，是瞭解和研究海陸絲綢之路的珍貴歷史資料。

隨着隋唐的統一，中國經濟重心的南移，中國與西方交通以海路爲主，海上絲綢之路進入大發展時期。廣州成爲唐朝最大的海外貿易中心，朝廷設立市舶司，專門管理海外貿易。唐代著名的地理學家賈耽（七三〇～八〇五年）的《皇華四達記》記載了從廣州通往阿拉伯地區的海上交通『廣州通夷道』，詳述了從廣州港出發，經越南、馬來半島、蘇門答臘半島至印度、錫蘭，直至波斯灣沿岸各國的航綫及沿途地區的方位、名稱、島礁、山川、民俗等。譯經大師義净西行求法，將沿途見聞寫成著作《大唐西域求法高僧傳》，詳細記載了海上絲綢之路的發展變化，是我們瞭解絲綢之路不可多得的第一手資料。

宋代的造船技術和航海技術顯著提高，指南針廣泛應用於航海，中國商船的遠航能力大大提升。北宋徐兢的《宣和奉使高麗圖經》詳細記述了船舶製造、海洋地理和往來航綫，是研究宋代海外交通史、中朝友好關係史、中朝經濟文化交流史的重要文獻。南宋趙汝適《諸蕃志》記載，南海有五十三個國家和地區與南宋通商貿易，形成了通往日本、高麗、東南亞、印度、波斯、阿拉伯等地的『海上絲綢之路』。宋代爲了加强商貿往來，於北宋神宗元豐三年（一〇八〇年）頒佈了中國歷史上第一部海洋貿易管理條例《廣州市舶條法》，并稱爲宋代貿易管理的制度範本。

元朝在經濟上採用重商主義政策，鼓勵海外貿易，中國與歐洲的聯繫與交往非常頻繁，其中馬可·波羅、伊本·白圖泰等歐洲旅行家來到中國，留下了大量的旅行記，記録元代海上絲綢之路的盛况。元代的汪大淵兩次出海，撰寫出《島夷志略》一書，記録了二百多個國名和地名，其中不少首次見於中國著録，涉及的地理範圍東至菲律賓群島，西至非洲。這些都反映了元朝時中西經濟文化交流的豐富内容。

明、清政府先後多次實施海禁政策，海上絲綢之路的貿易逐漸衰落。但是從明永樂三年至明宣德八年的二十八年裏，鄭和率船隊七下西洋，先後到達的國家多達三十多個，在進行經貿交流的同時，也極大地促進了中外文化的交流，這些都詳見於《西洋蕃國志》《星槎勝覽》《瀛涯勝覽》等典籍中。

關於海上絲綢之路的文獻記述，除上述官員、學者、求法或傳教高僧以及旅行者的著作外，自《漢書》之後，歷代正史大都列有《地理志》《四夷傳》《西域傳》《外國傳》《蠻夷傳》《屬國傳》等篇章，加上唐宋以來衆多的典制類文獻、地方史志文獻，集中反映了歷代王朝對於周邊部族、政權以及西方世界的認識，都是關於海上絲綢之路的原始史料性文獻。

海上絲綢之路概念的形成，經歷了一個演變的過程。十九世紀七十年代德國地理學家費迪南·馮·李希霍芬（Ferdinad Von Richthofen，一八三三～一九〇五），在其《中國：親身旅行和研究成果》第三卷中首次把輸出中國絲綢的東西陸路稱爲『絲綢之路』。有『歐洲漢學泰斗』之稱的法國漢學家沙畹（Édouard Chavannes，一八六五～一九一八），在其一九〇三年著作的《西突厥史料》中提出『絲路有海陸兩道』，蘊涵了海上絲綢之路最初提法。迄今發現最早正式提出『海上絲綢之路』一詞的是日本考古學家三杉隆敏，他在一九六七年出版《中國瓷器之旅：探索海上的絲綢之路》中首次使用『海上絲綢之路』一詞；一九七九年三杉隆敏又出版了《海上絲綢之路》一書，其立意和出發點局限在東西方之間的陶瓷貿易與交流史。

二十世紀八十年代以來，在海外交通史研究中，『海上絲綢之路』一詞逐漸成爲中外學術界廣泛接受的概念。根據姚楠等人研究，饒宗頤先生是華人中最早提出『海上絲綢之路』的人，他的《海道之絲路與昆侖舶》正式提出『海上絲路』的稱謂。選堂先生評價海上絲綢之路是外交、貿易和文化交流作用的通道。此後，大陸學者馮蔚然在一九七八年編寫的《航運史話》中，使用『海上絲綢之路』一詞，這是迄今學界查到的中國大陸最早使用『海上絲綢之路』的人，更多地限於航海活動領域的考察。一九八〇年北京大學陳炎教授提出『海上絲綢之路』研究，并於一九八一年發表《略論海上絲綢之路》一文。他對海上絲綢之路的理解超越以往，且帶有濃厚的愛國主義思想。陳炎教授之後，從事研究海上絲綢之路的學者越來越多，尤其沿海港口城市向聯合國申請海上絲綢之路非物質文化遺産活動，將海上絲綢之路研究推向新高潮。另外，國家把建設『絲綢之路經濟帶』和『二十一世紀海上絲綢之路』作爲對外發展方針，將這一學術課題提升爲國家願景的高度，使海上絲綢之路形成超越學術進入政經層面的熱潮。

與海上絲綢之路學的萬千氣象相對應，海上絲綢之路文獻的整理工作仍顯滯後，遠遠跟不上突飛猛進的研究進展。二〇一八年厦門大學、中山大學等單位聯合發起『海上絲綢之路文獻集成』專案，尚在醞釀當中。我們不揣淺陋，深入調查，廣泛搜集，將有關海上絲綢之路的原始史料文獻和研究文獻，分爲風俗物産、雜史筆記、海防海事、典章檔案等六個類別，彙編成《海上絲綢之路歷史文化叢書》，於二〇二〇年影印出版。此輯面市以來，深受各大圖書館及相關研究者好評。爲讓更多的讀者親近古籍文獻，我們遴選出前編中的菁華，彙編成《海上絲綢之路基本文獻叢書》，以單行本影印出版，以饗讀者，以期爲讀者展現出一幅幅中外經濟文化交流的精美畫卷，爲海上絲綢之路的研究提供歷史借鑒，爲『二十一世紀海上絲綢之路』倡議構想的實踐做好歷史的詮釋和注脚，從而達到『以史爲鑒』『古爲今用』的目的。

凡例

一、本編注重史料的珍稀性，從《海上絲綢之路歷史文化叢書》中遴選出菁華，擬出版百册單行本。

二、本編所選之文獻，其編纂的年代下限至一九四九年。

三、本編排序無嚴格定式，所選之文獻篇幅以二百餘頁爲宜，以便讀者閱讀使用。

四、本編所選文獻，每種前皆注明版本、著者。

五、本編文獻皆爲影印，原始文本掃描之後經過修復處理，仍存原式，少數文獻由於原始底本欠佳，略有模糊之處，不影響閱讀使用。

六、本編原始底本非一時一地之出版物，原書裝幀、開本多有不同，本書彙編之後，統一爲十六開右翻本。

目録

泉南雜誌

泉南雜誌

二卷

〔明〕陳懋仁 撰

明刻寶顔堂秘笈本

泉南雜志

甲辰季夏

國家除吏余不類忝以駑蹇

從時都門大雨積五六浹辰

無少息選人有靡於棟橈者

余家三椽壞屋不肉幾希觸

熱衝泥始領茲幕
陛辭之際猶行水中冬杪抵
役受知太守太守拂衣遽撤
我庇嗣後良雖在御鞭策非
加虐秣櫪草無以送日回出
賫書抄摘孔翠兼錄所遇授

於簏塵逾年罷歸檢之得數
百條而泉事居二詮爲此帙
命曰泉南雜志淺近無裨非
敢眎諸好事聊之壟上與田
翁共談曰此不俗事但子畀
吏也可欲不欲好所不好違

衆居獸雖與語通樸被疾還
亦既章矣余媿謝翁已捉来
去　檇李陳懋仁識

泉南雜志卷上

檇李陳懋仁無功著

泉州有浯江郡志云晉南渡時衣冠士族避地於此故又名晉江余謂江既以晉得名何當時人文遺事無一可稱登簡冊遂而無徵即避地事亦傳聞耶晉書地理志武帝太康三年置晉安郡統八縣晉安一也然則武帝已舉晉名其縣或不待元帝在建業而始以晉名其江也載記苻堅封慕容垂泉州侯此泉

州乃漢昭帝改燕國爲廣陽郡統縣十之一今畿輔鄚縣地非閩之泉州也閩泉乃隋文帝以豐州改今晉江則唐玄宗以南安分置泉之人文至唐貞元中始得歐陽公詹按唐書公與韓文公李觀李絳崔羣王涯馮宿庾承宣聯第皆天下選時稱龍虎榜是科知貢舉陸宣公也自公之後名賢繩繩逮我 明文章德業之盛不特凌往代已也

萬安橋乃宋蔡忠惠公所造世謂洛陽橋是也

落成公自爲記曰泉州萬安渡石橋始造於皇祐五年四月庚寅以嘉祐四年十二月辛未訖功絫趾於淵釃水爲四十七道梁空以行其長三千六百尺廣丈有五尺翼以扶欄如其長之數而兩之糜金錢一千四百萬諸施者渡實支海去舟而徒易危以安民莫不利職其事者盧錫王寔許忠浮圖義波宗善等十有五人既成太守莆陽蔡襄爲之合樂讌飲而落之明年秋蒙召還京道繇是出因

記所作勒於岸左公自書大方尺分勒二石今在公祠蓋公之功在百世大矣而記僅一百五十三言可見古人不肯擅美如此又聞之父老云先時二石爲倭截去後見江間發光探之得後一石其前一石乃後人復模故前石不如後石之瑩潤打碑聲將與江濤競響也俗傳公造此橋限以濤勢不能築址乃檄江神得一醋字公云廿一日酉時爲之今公記中無是說也王遵巖曰昔其爲長江之

洪流馮虛以構實其役有足駭人者昧者謂焉而言之異亦以賢者之所爲與事起利人樂其成而賴其功故托於神以美之耶又宋釋太初謂前記多三字至今傳其言也

盤光橋曰洛陽橋東接鳳嶼嶼在江中央上多腴田稠民居舊有石路潮落路出行者病之宋寶祐中僧道詢募貲作石橋長四百餘丈廣一丈六尺比蔡端明所造洛陽橋長多四百餘尺闊多一尺世知洛陽而不知盤光者

並以人重也雖然貴賤異等若道詢一行腳
耳無藉勢位而功力過之則其名胡可泯泯
且洛陽橋尚有百五十三字之記此獨無之
意當時道詢不欲居其功以垂後名耶抑本
有記而歲遠湮廢也
淳化閣帖十卷宋季南狩遺於泉州已而石刻
湮地中久之時出光怪櫪馬驚怖發之即是
帖也故泉人名其帖曰馬蹄真跡余按沈源
釋文序云是帖納郡庠歲遠剝蝕其後莊少

師氏復摹以傳則今帖非馬蹄眞跡乃莊氏摹刻也其石先屬張氏後以其半質錢於族秘匿不返至於搆訟於是各鑱木刻足之分爲兩部今所傳者旣非宋遺而莊模亦皆割裂遞更遞失矣惟蔡沙塘憲副家所藏七塊完好不剝蔡甚寶之甚爲難得欲得莊刻之全與蔡之所藏必求數家而合之然不易也

又按沈源所云莊少師者不知何名攷泉郡志有莊夏者登淳熙八年進士歷官侍郞封

永春縣開國男卒贈少師有文名他莊無仕
少師者故知是帖復摹乃莊夏也
泉州察院堂左有宋太宗戒石銘碑乃黃山谷
作擘窠大書其下有高宗行書跋語云近得
黃庭堅所書太宗皇帝御製戒石銘恭味旨
意是使民于今不厭宋德也因思朕異時所
歷郡縣其戒石多置欄楯植以草花爲守爲
令者鮮有知戒石之所謂也可令摹勒庭堅
所書頒降天下非惟刻諸庭石且令置之座

右爲晨夕之念豈曰小補之哉䟽後有一[illegible]
字乃高宗御押也又其下有小楷書呂頤浩
題䟽云臣等竊惟太祖皇帝武定天下而太
宗皇帝文以撫之是時字剝五民赤子新去湯
火哀矜剝乃發大訓垂諸庭石如雲漢在天
爲光昭回其施在下則爲露爲雨民涵斯澤
豈其有極而更更歲久或不知誦斯文矣[illegible]
帝撥亂受民規撫祖宗乃六月癸巳詔以黄
庭堅所書刻之石將以墨本賜天下使目見

而知戒焉嗚呼此盛德大業之本豈特讀正觀政要而太息哉臣等材駑不足以佐萬分而知贊且勵蓋不獨郡邑之吏洗然於茲賜也謹昧死書於左方紹興二年七月癸酉端明殿學士左朝議大夫簽書樞密院事權參知政事臣權邦彥左通議大夫參知政事福建江南西路荆湖南北路宣撫使臣孟庾左通奉大夫守尚書右僕射同中書門下平章事兼知樞密院事臣（剝二字）特進尚書左僕

同中書門下平章事兼知樞密院事都督江
淮荆浙諸軍事臣吕頤浩謹題按是銘非
太宗御製也四川通志孟昶著官箴云朕念
赤子旰食宵衣託之令長撫養安綏政在三
異道在五絲驅雞爲理留犢爲規寬猛得所
風俗可移無令侵削無使瘡痍下民易虐上
天難欺賦輿是切軍國是資朕之爵賞固不
踰時爾俸爾祿民膏民脂爲民父母罔不仁
慈勉爾爲戒體朕深思太宗第取下民易虐

上天難欺爾俸爾祿民膏民脂四句後二
句居前以爲銘便自簡當意完而無累澁之
氣
又有高宗御書耤田碑云朕惟兵興已來田畝
多荒故不憚卑躬與民休息今疆場罷警流
徙復業朕親耕耤田以先黎庶三推復進勞
賜耆老嘉與世俗躋於富庶昔漢文帝頻年
下詔首推農事之本至於上下給足減免田
租光于史冊朕心庶幾焉咨爾中外當體至

懷故茲詔諭想宜知悉其下有小楷書牒云
泉州紹興十六年九月十九日准行在尚書
禮部符准屯田關四月八日准紹興十六年
四月六日敕中書門下省臣寮劄子奏欲望
聖慈勑令郡邑以近降御筆耤田手詔模刻
立石於聽事所如戒石之銘俾朝夕省觀罔
敢隊失庶有以廣聖志承天庥蒙豐年興
嗣歲之應天下幸甚取進止四月六日三省
同奉聖旨依奏牒州施行本州今恭奉聖旨

模刻立石于聽事所者紹興十七年三月
日立左從政郎司法參軍權察推臣曾汪右
從事郎節度推官臣余麟右承議郎簽書節
度判官廳公事賜緋魚袋臣方周弼右承議
郎添差通判軍州主管學事兼管内勸農事
借緋魚袋臣王鑄右承議郎通判軍州主管
學事兼管内勸農事賜緋魚袋臣韓胥左朝
散大夫知軍州事主管學事兼管内勸農使
賜紫金魚袋臣陳康伯此碑在戒石銘碑之

右石俱精瑩燁燁有神氣
衙西榕樹幹大如一間屋枝上有纙纙垂下者
謂是根也其高參天枝葉蔭可三十餘丈相
傳韓少卿國華爲郡誕魏公日樹杪爲吐烟
霧又云榕樹千年者其上生伽楠香
德化縣白甆即今市中博山佛像之類是也其
坏土產程寺後山中穴而伐之綆而出之碓
極細滑淘去石渣飛澄數過傾石井中以漉
其水乃摶埴爲器石爲洪鈞足推而轉之薄

則苦窳厚則綻裂土性然也初似貴今流播
多不甚重矣或謂開窑時其下多藏白菟恐
傷地脉復掩之

閩之遠海近番處有燕名金絲者首尾似燕而
甚小毛如金絲臨卵育子時群飛近汐沙泥
有石處啄蠶螺食有詢海商聞之土番云蠶
螺背上肉有兩肋如楓蠶絲堅潔而白食之
可補虛損已勞痢故此燕食之肉化而肋不
化并津液嘔出結爲小窩附石上久之與小

雛鼓翼而飛海人依時拾之故曰燕窩也

泉郡荔枝雖鬱爲林麓然不若福興兩郡之盛絳囊翠葉明秀可愛蔡端明所謂殼薄而平瓤厚而瑩膜如桃花紅核如丁香母剝之凝如水精食之消如絳雪誠哉荔譜四十二種垂五百餘年品目雖存漫不可據今惟五月熟者曰火山肉薄而酸六月熟者曰早紅曰桂林曰白蜜曰狀元紅曰金鍾俱稱佳品七月熟者味甘酸曰山荔枝蠲渴補髓多啖無傷韓

儷荔枝詩云封開玉籠雞冠濕葉襯金盤鶴頂鮮想得佳人微啟齒翠釵先取一雙懸又巧裁霞片裹神漿崖蜜天然有異香應是仙人金掌露結成冰入茜羅囊可謂形容之妙矣蔡端明曰荔枝之於天下唯閩粤南粤巴蜀有之漢初南粤王尉佗以之備方物於是始通中國司馬相如賦上林云荅遝離支盖夸言之無有是也東京交趾七郡貢生荔支十里一置五里一候晝夜奔騰有毒虫猛獸

之害臨武長唐羌上書言狀和帝詔太官省之魏文帝有西域蒲萄之比世譏其繆論豈當時南北斷隔所擬出於傳聞耶唐天寶中妃子尤愛嗜涪州歲命驛致時之詞人多所稱詠張九齡賦之以託意白居易刺忠州既形於詩又圖而序之雖髣髴顏色而其滋之勝莫能著也洛陽取於嶺南長安來於巴蜀雖曰鮮獻而傳置之速腐爛之餘色香味之存者亡幾矣是生荔枝中國未始見之也九

齡居易雖見新實驗今之廣南州郡與夔梓之間所出大率早熟肌肉薄而味甘酸其精好者僅比東閩之下等是二人者亦未始遇夫眞荔枝者也閩中唯四郡有之福州最多而興化軍最爲奇特泉漳時亦知名列品雖高而寂寥無紀將尤異之物昔所未有乎蓋亦有之而未始遇乎人也予家莆陽再臨泉福二郡十年往還道由鄉國每得其尤者命工寫生稡集既多因而題目以爲倡始夫以

一木之實生於海瀕巖險之遠而能名徹上京外被夷狄重於當世是亦有足貴者其於果品卓然第一然性畏高寒不堪移殖而又道理遼絕曾不得班於盧橘江橙之右少發光采此所以為之嘆惜而不可不述也

荔枝才已龍眼始行殼黃瓤白核壯肉薄本草謂之荔枝奴信然蓋荔枝飽啖之餘不堪咀嚼如膏粱子居常醲脃一旦家落餔薄糜便不適口

紅柑福橘之次者也橄欖青澁能消酒止渴藥性賦所謂泉州橄欖能消酒是矣本草一名諫果謂其始苦澁而回甘猶忠言逆耳世亂乃思之也其俗取與子蕈和核擣碎醋拌充蔬

甘蔗幹小而長居民磨以煮糖泛海售[redacted]其地爲稻利薄蔗利厚往往有改稻田種蔗者故稻米益乏皆仰給於浙直海販濫茲土者當設法禁之驟似不情惠後甚溥

清源山茶青翠芳馨超軼天池之上南安縣英
　山茶精者可亞虎丘惜所產不若清源之多
　也閩地氣暖桃李冬花故茶較吳中差早

紅梅百葉一花三子曰品字梅紫梗疎條非復
　霜皮鐵幹可偶

芙蓉有產於山者余廨後手插一枝未半載扶
　疎出墻名曰木芙蓉花最繁盛不下數百大
　如甌其色有朝紅暮白者此則粉紅一色耳

九節蘭花易植不若吳中所欽靜宇中雖若棋

列亦不甚香
余廨東所植茉莉其高及檐嘗於暑夜設木榻坐其下清芬郁烈可沾肩髮其地易生如吳中揷槿也按本草時珍曰稽含草木狀作末利洛陽名園記作抹厲佛經作抹利王龜齡集作沒利洪邁集作末麗盖末利本胡語無正字隨人意會而已末利原出波斯國移植南海其性畏寒不宜中土弱莖繁枝綠葉團尖初夏開小白花重瓣無蕋花皆夜開丹鉛

總錄曰晉書都人簪柰花即今末利花也

西施舌殼似蛤而長外色若水蚌殼內色如孔翠肉白似乳形酷肖舌濶約大指長及二寸味極鮮美無可與方舌本有數肉條如鬚然是其飲處

北方謂泥磚曰土坯晉江有介屬亦曰土坯綠殼白尾其旁有毛

章魚淸脆頗腴諸肴然其形酷似病痘小兒臂指所切不堪寓目

龍虱如牛糞上虫似黑而薄劈殼食之小有風
味
鱟魚碧血海中介魚也似蟹足十有二長六七
寸漁者臨其肉居人以其殼作水杓穆天子
傳黑羊白血以鱟況之則亦可信
蝦有長一二尺者名龍蝦肉實有味人家掏空
其殼如船燈佳佛前
鬬魚大如指長二三寸花身紅尾善鬬人家盆
畜之俗呼爲丁斑魚張世南宦遊紀云三山

溪中産小魚里中兒豢之角勝爲博戲信然

牡蠣麗石而生肉各爲房剖房取肉故曰蠣房泉無石灰燒蠣房爲之堅白細膩經久不脱

蚶大而肥鮮美特異海物志名天臠爾雅名魁陸本草名瓦壠予雜俎云嘗俎之味有蚶醬

鼀一名石鱗魚紫斑如纈錦生溪澗高潔處其大如雞得亦不易厥俗兼皮食之有見偷者余令人縱之野中左右憕睥不懌曰此難得之珍味也

泉州海錯品類最多余嘗欲就其所見記錄一
帙以廣好事會奔命未遑也五代陳致雍作
記謂雍家於晉安目覩海族日有多品而考
其名實不同者則韭人之言異也是故荒餘
之產職方不入郭璞未詳張華不載沈瑩臨
海記顏之推稽聖賦崔豹古今註交州異物
紀嶺表錄異山海經東方異物等記及諸家
博物之例物同名殊者集在此卷就其方
言而正之曰海物異名記

泉南富家田不過五頃至十頃極矣餘皆百畝而巨姓繫耳上人藏穀不藏米爲易壞也又米多石屑米戶應官簸颺數四非經旬不得甚而婦女手擇之余每齧石屑則默然勿令知不欲難其所難也

造白沙糖法用甘蔗汁煮黑糖烹煉成白劈鴨卵攪之使渣滓上浮按老學庵筆記云聞人茂德言沙糖中國本無之唐太宗時外國貢至問其使人此何物云甘蔗汁煎用其法煎

成與外國等自此中國方有沙糖茂德乃宋
勑局勘定官余郡人也
蟻有數種能蠹人廚中饌案以四木桶盛水灌
案腳於中夏雨夜入卧床雖帷帳周密俱所
不絶多至一二升最爲寢食之害蓋蟻爲濕
熱相蒸所致故居宇須疏風放水稍亦可除
白蟻尤能蝕上居令棟易朽
乾清坤寧二宮皆成寶石屏設滇中以奇石四
十塊分製佳名標詩以進扁歲己亥三月余

給事水衡目覽手抄附列篇左

春雲出谷○泰山喬嶽○神龍雲雨○天地交泰○各大五尺一幅○玉龍山光大五尺○河洛獻瑞○玄嶂雲收○江漢朝宗○奇峰叠出○海山朝旭各大四尺一幅○錦雲碧漢○虹臨華渚○雪溪春水○群峰獻秀○麟趾呈祥○龍翔鳳舞○各大四尺○一碧萬頃○雪巖春霽○雲霞海曙各大三尺○萬山春曉○春山烟雨○百川霖雨各大三尺五寸○溪山烟靄大三尺一寸○壽

山福海○雲漢麗天（各大三尺六寸）○湖光山色○
函關紫氣○春山烟雨○卿雲絢彩○雲霞
海曙○雲霞出海（各大三尺五分）○龍飛碧漢（各大四尺
八寸）○山水人物屏石八塊○山川出雲（各大三尺
九寸五分）○烟波春曉（大三尺四寸）○白雪春融（大三尺二
寸）○雲龍出海○槎泛斗牛（各大三尺五寸）○春雲
出谷○海晏河清○振衣千仞（各大二尺九寸）
太守東山張公檄余盤德化縣倉穀盤少正額
一千八百一石查出不入冊穀價銀二百九

十三兩五錢又司李李公檄余盤府倉穀計少正額四百九十八石夫各處倉穀缺額者多矣查盤止取倉收文具耳未有倒廒籌毀報欠數多如今日者有之自兩公所命而余實始之蓋泉庾所儲晚稻也多擊則殼破少擊則芘蜜兩者皆可引蛀況漸以積之最易爲木倉蠹藉口甚有侵漁安得出陳易貯早稻使民髓不爲消竭也

章公滋泉南五月以簡惠得士民心去郡日

號漁遞留者數千人徒步會城乞留不遂先是有吏欲自潤假公旨令余追未完贖鍰補庫余疑非公意密白之公公駭曰貧百姓愛我如此我反累之耶微公言幾爲奸吏所蔽公亟示蠲之

泉俗最重堪輿雖以巳地營葬鄰家覺嚴不相容一日有宦裔黃生乞地於東山僉公公以其狀屬余門黃司農豈曰在南曹司祭葬千金而不取致死無以爲殮今櫬歸四年猶貧無葬

地清宦安可爲乎所乞二山果間曠或天畱以壅王未可知也該司躬蒞一勘庶賢大夫有馬鬣亦有司表墓之遺思也余往勘所乞之山緊迫三墳適當其上三氏子孫所必爭非寢丘可比且巖岡峻折靈轜有崎嶇之危若臨穴闕沮英魄慮入土之安要須無競始利竈叟公然余言黃亦亟止必焉三氏之族百許人轟鬨余僻余出成案睬之乃謝而退

泉之東門外有宦山迴數里爲貧家葬厝棺處

葬如棋布無着腳地然而科第標木森立其
間往往有之此豈當時重堪輿邀地脉者耶
良由祖父無產可營於德無損子孫憑藉雖
少外慕自絕惟知讀書自立故耳又聞之巨
室至十餘年未葬其親者以爲難得善地既
葬而子孫日見式微此豈當時不重堪輿不
邀地脉者耶亦由祖父居積豐饒陰下斜種
子孫多財蕩遊不復好修外釁相仍故耳余
故曰能盡天理則地脉可邀泉山之標作善

之報也

安溪縣伐一巨木充　冊封琉球海船桅木漳泉檄余覆勘其責甚重余以民尺量長十丈一尺六寸頭圍一丈一尺至八丈五尺處圍三尺七寸九丈處圍二尺九寸復以官尺較定若於內斲去浮皮爲數益窄蓋桅尾不及三尺而望斗之下必連鑿數孔以拴桅餅風帆緈繚所繫所重不知幾千鈞能任與否請從定式已而聞用寧化一木其必大於此者

先是安溪山中出一大木運至漳界一⿰足盧而斷余意必病木木理不堅致之耳不然千年巨材豈一⿰足盧可斷夭若不令苟全于陸以貽危海上也者　國命非常故木神効職如此

泉城火⿰火僉盛行市販苦于資養向緣法不究弊雖禁弗戢當事者謂坐皐須贓而不知⿰火僉銀在罏豕手難獲適生搶奪厲階耳余乃辯傾紋傾⿰火僉兩種鎡確遒然各異傾紋銀者直出鏽色而乾傾⿰火僉銀者光潤帶黃而濕取確比

查奸可立見議出而人芟鉏種積尚頗革火[illegible]低假銀也

鷺鶿洲田本海沙漲出因業戶欺隱沒爲學田民佃輸賦以資膏燭頗爲有力所侵幾致激變監司檄余鹽覆以綏農人因思不日歸耕如淵明于下潠田舍穫稻釋鑱詠歌翛然自適無復作風塵面目看人眉頰也

德化九仙山有瀑布泉自雲際下宋主簿柳睎詩有天插一泉聲潄玉地高六月夜凝霜之

句

余廨西甚饒隙地綜事之暇蓬首散帶率童僕種蔬於中所茹有餘尚可分給貧隸息力樹下見清源山縈烟斜照中如湘中別記所謂碧紗籠罩翠微蔚爲佳境因念我家仲子攜妻灌園陶淵明採菊東籬下悠然見南山時於此俱可想見顧余事官鞅掌委形跼蹐然而時得一二趣者聊欲覓閒情於勞鹿簡清事於塵汗耳

清源山在郡北三里許高數千仞未至絕巘數百武有泉自石罅流出積於砥石凹處甘冽獨勝他泉好事者攀躋汲之冬夏不減其東有妙覺巖石上刻第一山是米元章行書

南臺峭拔摩空在清源山之右臺南有砥石嘉靖十三年譚鑑以鄉舉司李泉州建思樂亭於其上鑑有惠政善聲律樂於山水間戶部侍郎顧珀爲之記泉志鑑爲崇德人吾郡志爲桐鄉人

遂昌雜錄言慧光庵尼無著爲張循王九世女孫以陋故不嫁而挾嫁貲故優裕清源文獻姓氏言尼無著平江府資壽妙聰禪師爲丞相蘇頌女年三十許厭世浮休脫去緣飾杳然靖老余按二說不同因攷蘇頌爲泉州同安人後徙潤州相指宗龍圖閣學士紳之子也紳葬丹陽遂居焉丹陽去平江不遠則無著爲頌之女厭世無疑非陋而挾貲者不然王公貴家女苟非有道安肯以陋自退無著

嘗有偈云一葉扁舟泛渺茫呈橈舞棹別宮商雲山海月都拋却贏得莊周蝶夢長履素遺纂清空可誦狹背者無此言

唐志泉州錄事參軍事一人掌政違失涖符印司功參軍事一人掌租調官廨庖廚倉庫司戶參軍事二人掌戶籍計帳道路過所蠲符雜徭逋負良賤芻藁逆旅婚姻田訟旌別孝弟司田參軍事一人掌園宅口分永業及蔭田司兵參軍事一人掌武官選兵甲器仗門

禁管鑰軍防烽堠傳驛田獵司法參軍事二
人掌鞫獄麗法督盜賊知贓賄沒入司士參
軍事一人掌津梁舟車宅舍工藝參軍事四
掌出使導贊宋設諸曹錄事參軍一員掌州
院庶務糾諸曹稽違司戶參軍一員掌戶籍
賦役倉庫納受司法參軍一員掌議法斷刑
司理參軍一員掌獄訟鞫勘之事元則以推
官二員專治刑獄而以諸參軍爲經歷知事
照磨各一員提控案牘一員我　明因之經

歷掌文書出入知事佐經歷理司事照磨王磨勘照刷設檢校佐照磨理所事而權日以微提控案牘則又屬之藩司矣

泉志言宋真覺大師名添志姓陳氏永春人故通直職伯兄也初住南安雲華巖後遊京師元祐元年奉陳太后懿旨詔入內祝遂寧王壽敕賜衲袈裟金環絛鈎摺宗御書云遂寧王陳美人願福壽延長施長者真覺當來同感佛果續賜制劄遂歲度僧天下名山福地

永遠居住初在福禪次住秀州福嚴著作佐郎黃庭堅嘗贈之詩云蒲團木榻付禪翁茶鼎熏爐與客同萬戶參差寫明月一家寥落共清風又贊云石出山而韻自生壑松不枯而骨立氷霜今得雲門柱杖打破鬼窟靈牀其石也將能萬里出雲雨其松也故與三界作陰涼此似昔人非昔人山中故友任商量刑部侍郎陳軒亦嘗贈之詩云車輪馬足走風烟競看成都萬炬燃獨我踏開庭下雪伴

師同坐一座顧真庵堅嘗爲作蓮華巖銘又書草庵歌驗之銘南安有碑歌刻盧山歸宗寺余按顧巖寺屬吾郡崇德縣郡志云徽宗在潛邸時陳太后病適真覺在京呪水治疾有功許其住持名山真覺乞來此賜金鐶磨衲袈裟又嘉郡郴志言師有草庵歌黃山谷爲之書俱與前說異而略故並書以備互攷

出仁風門半里許爲靈山其上有磐石可坐百餘人中一圓石下不聯屬勢重萬鈞一夫撼

之輒動搖不止其勢就下若將彈丸走坂然
然而百夫撼之雖動不移也郡守周道光題
爲碧玉毬又惠安縣有雲峯上有大石高廣
四丈許又有一石上廣下側高丈餘架於其
上恒有落勢併力推之不動以芥挺之輒動
故名曰危石二石之異若一轍焉
南安姜相峰唐相姜公輔謫爲泉州別駕恒居
此峰石上刻姜相峰三大字是宋魏公蘇紳
書

高士峰在南安是唐校書郎秦系隱處有石刻高士峰三字隸書旁有才翁二字按志謂蘇才翁爲漕使嘗行部至泉題晉江棲真院壁疑此字乃蘇書也

瓦山在南安其上有飛瓦巖相傳昔有僧結庵其上因山伐木但患山高運瓦之難積瓦山下詭欲作法飛瓦砌屋不用工師卜日已定遠近觀者數千人僧僞傭人挑瓦上山觀者欲其速於作法爭爲揪運頃刻都盡僧笑曰

吾飛尾只如是耳或謂之智僧余曰此詭梵
然亦可與語權者
金石峰屬南安上有疊石其赤痕類丹書有石
刻金石峰三字
泉之山莫多於西南高絕者莫儷於船山群峰
列秀此山獨出於其上勢若一船泉人加以
福字故名福船山
韓昌黎言閩人登進士自歐陽詹始故知詹進
上第不但始泉州亦爲八閩破天荒也

萬首唐人絕句中於吾郡及泉州有未收者余錄其詩于左以備補遺

答陸澧　張九齡曲江人

松葉堪爲酒春來釀幾多不辭山路遠踏雪也相過見嘉典附郴志

張建封大夫奏系爲校書郎因寄此詩　秦系會稽人隱南安九日山

久是烟霞客潭深釣得魚不知芸閣上遺校幾多書

十三歲戲荅清源牧　陳黯　南安人

玳瑁應難比斑犀定不加天嫌未端正滿面

與裝花

壺公山　翁承贊　泉州人

井色斜連北蓬闕直倚東秋高巖溜白日上

海波紅　以上俱見清源文獻

南安夕陽山真寂寺題詩

宣宗皇帝　居邸時遁于此

惟愛禪林秋月空誰能歸去宿龍宫夜深聞

法餐廿露喜在蓮花法界（見泉州府志）

樂津店北陂　歐陽詹（晉江人）

嬋娟有麗玉如也芙笑當予繫于馬羅幃碧

簟並相客行到山頭憶山下

出蜀門

北客今朝出蜀門條然領得入時魂遊人莫

道歸來易三不曾聞古老言

題第五司戶侍御

曾稱野鶴比群公忽作長松向府中驄馬不

騎人不識洽然三尺別生風

建溪行待陳詡

偕行那得會心期先者貪前後者遲空憶麗詞能狀物每看奇異但相思以上俱見歐陽文集

戴雲山　智亮盧于泉州德化縣戴雲山

戴雲山頂白雲齊登頂方知世界低異草奇花人不識一池分作九條溪見德化縣志

戴雲山吟

人間謾說上天梯上萬千迴總是迷曾是老

人巖上坐清風明月與心齊

答泉州薛播使君重陽日贈酒　秦系見前

強欲登高無力也籬邊黃菊爲誰開共知不是潯陽郡那得王弘送酒來

瀑布泉與唐宣宗皇帝聯句　黃檗禪師

千巖萬壑不辭勞遠看方知出處高師溪澗豈能留得住終歸大海作波濤宣宗以上俱見清源文

獻庚溪詩話云唐宣宗微時武宗忌之遁跡爲僧遊方同安夕陽山黄蘗禪師與觀瀑聯句

泉郡志云東出海門舟行二日程曰彭湖嶼在巨浸中環島三十六如排衙然昔人多僑寓其上苫茅爲廬推年大者爲長不蓄妻女耕漁爲業牧牛羊散食山谷間各剺耳爲記訟者取决於晉江縣城外貿易歲數十艘爲泉之外府後屢以倭患墟其地或云抗于縣官故墟之今鄉落屋址尚存唐施肩吾島夷行

云腥臊海邊多鬼市島夷居處無鄉里黑皮年少學採珠手把生犀照鹹水郎其處也今彭湖已設遊兵汛守焉

泉州市舶提舉云香之所產以占城賓達儂為上沉香在三佛齊名藥沉真臘名香沉實則皆不及占城渤泥有梅花腦金腳腦又有水札腦登流眉有薔薇本占城賓達儂三佛齊真臘渤泥登流眉皆諸番名

泉州志天順七年會闈大火焚死千餘人

憐之賜死者俱進士余意千餘人中亦必有
供事人員恐未可謂俱賜進士因查弇山堂
別集科試考是年癸未會試舉人死于火者
九十餘人主試官俱越墻免事聞贈死者俱
進士出身然則舍舉人外其他九百餘人乃
供事員役明矣又按名世類苑是年羅文毅
公亦在闈中賴謝大部出之公有詩寄大部
云曾同丙子看鄉榜丙戌春闈又在門南省
再逢眞父母西湖歸老任乾坤庚巳編則云

一峰先生遣回祿垣上一老人以杖提而出
時指垣者幾二千人而先生獲免出招老人
竟無所得愚謂垣上老人或即大部被災人
數亦各舉大槩故不同耳

泉之西三十里曰石龜峻壁上有石二丈許形
肖似龜行旅望之遠近無異吾郡宋太守岳
公珂所著桯史云余外家居泉之石龜即其
處也

府下賴王三壞柳越渡抱關丘斗五兆之法

然斗五乘酒毆三幾斃三之兄府告丘斗仔斗五兄弟共毆屬余拘訊皆自皙讀書士也其兄斗仔毅然自認斗五曰毆三我也何與兄事余壯其義以傷者畀調理曰好護之幸限外可無抵于是斗五家悉力調理乃不死此弟兄重義輕死吾故識之以愧夫因資財而鬩于墻者

雜志卷上終

泉南雜志卷下

檇李陳懋仁無功著

清源山一名泉山漢書朱買臣言東越王居保泉山一人守險千夫不得上今聞東越王更徙處南行去泉山五百里居大澤中今發兵浮海直指泉山陳舟列兵席卷南行乃可破也師古注泉山即泉州之山保者保守之以自固也泉州府志非其注云自師古時言乃唐貞觀初之泉州今福州也又謂北山之巔

乃東甌王避漢兵處然東甌王即東越王餘善爲漢兵所攻自所保之泉山南行徙大澤中繇王居股殺以降漢亦無由至此山也余按買臣聞東越王更徙處南行去泉山居大澤以爲易擊敵請發兵浮海直抵泉山上拜買臣會稽太守居歲餘與橫海將軍韓說等始擊破東越是漢兵未攻之歲餘前而餘善已先去泉山居大澤矣志謂餘善爲漢兵所攻而後去亦非也又按閩粵王傳故粵衍侯

吳陽反攻粵軍於漢陽及故粵建成侯敖與繇王居股謀俱殺餘善以其衆降橫海軍所謂漢陽則又非泉山矣余登泉山及五里梯磴頗夷不爲峻峭卽有險可守然皆側徑細路不能備餉四面平疇困可立敝若陵谷已變遷則已如未變遷吾意餘善欲保守自固必不居此絕地是知非買臣所指之山明甚志雖表其非是然略而未備且有先攻後徙之舛余故申其說以俟考焉

宋顯謨閣學士泉人傅伯成狀前嘉興守程公行實其略云公諱卓字從元徽休寧人開禧二年除司農寺丞十二月以親老抗疏請外補差知嘉興府丁母新安郡夫人艱嘉定三年八月服闋以嘉興治最授朝奉郎歷官正議大夫同知樞密院事致仕新安郡開國侯贈特進資政殿大學士又云樵李輔郡公以推擇出守剖决如流莫不切中其情然終歸平恕或僞爲倅廳印紙與奸民爲市以充契

券之用流布既廣吏因事覺視爲奇貨謂無眞僞當歷加追驗則所得可裨郡計不少公曰此不過僞造者罪耳若一一驗之編民竝擾吾以安民爲先利非所急也乃喻民有誤買者許自陳立與換印陳者畢至一郡晏然尋以內艱解郡按此則知公之澤被吾嘉甚厚乃吾郡志自元郡幕單慶學博徐碩及明太守柳公遺公之名與事之實後遂泯泯余讀清源文獻漫爲錄出以備補遺

泉自五代之際腴田多屬寺觀民間其下者耳厥後漸爲勢佃轉相沉匿寺觀反累虛糧至今數百年來尚有淸查寺田找價爲充餉之用者余嘗奉差稽覈澗不可了朱紫陽簿同安日有詩云輸盡王租生理微老僧行乞暮還歸空山日落無鐘鼓惟有虛堂蝙蝠飛是知僧寺糧累而貧宋時已然矣

唐盛均泉人也嘗病白孔六帖疏略廣爲盛氏十二帖宋鍾璇亦作續白孔帖

泊宅編載泉州萬安渡水闊五里蔡襄造石橋兩岍依山非也余嘗往來此橋及按端明自爲記長三百六十丈非五里岍左面山非依山岍右則去山尚遠也

宋德祐二年十二月蒲壽庚及知泉州田真子以城降于元考泉州府志田真子晉江人文天祥同榜進士爲州司馬蒲壽庚其先西域人與兄壽宬總諸番互市因徙于泉以平海寇得官壽庚頑暴寡謀壽宬爲之畫策密畀

壽庚以彈丸畧表潛出降元今但知壽庚之叛宋而不知壽晟之主謀也其子師文尤暴悍嗜殺孫勝夫其黨也余按宋元通鑑云我太祖皇帝禁泉人蒲壽庚孫勝夫之子不得齒於士蓋治其先世導胡傾宋之罪故終夷之也又資治通鑑府志俱曰田眞子而薛方山宋元通鑑則曰田子眞兩通鑑俱稱田知泉州而府志則稱田爲州司馬名與官皆屬互異故并識之不致賊臣溷逃斧鉞也

衛民祠為前守熊公設也公諱尚初江西南昌人由吏員正統末知泉州剛梗廉勤有善政時鄧茂七反據汀延遣劇寇侵掠泉界民甚危之郡將王指揮觀望不武公曰吾當躬禦不可延寇殲吾城請師未下乃提民兵與晉江衛吏孟常陰陽正術楊仕洪拒戰于古陵坡皆為賊所執欲屈之公執不可迫取贖又不可公氣愈厲罵愈甚遂皆死之繼而重兵至賊走後錄其死事祠以祀之以楊史配萬

曆乙巳太守東山張公見其祠傾圮立欲新
之命余董厥事甫庀材鳩工有庠生其以其
父有近時說賊功欲塑像史楊之次余曰有
勞桑梓與死事並祀固與禮合但須論定當
事議許而後可會公解組去後無任事者祠
尚頹然蓋熊公以吏起至二千石爲民死賊
城得保全血食千秋神爽赫奕誰謂掾吏無
人哉公之外又有羅明以劍州判罵賊死會
與以連州判禦賊死鄧俊以榮山尉禦賊死

陳一道以蕪湖丞禦倭死俱蒙　恩蔭且立祠焉嗟嗟此數君者甘殺身以成仁不求生以害義故能心堅鐵石操厲松竹履危亡而不顧飲刀斧其如飴是知蹈節捐軀不限人地彼紆朱鳴玉者視死在前而欲成此徽烈幾何人哉

國朝掾吏不但熊況兩公官太守俱稱名臣其尚書侍郎卿寺銓司台省藩臬二千石府佐縣令不下數十百人無論各省多有即以泉

與吾郡可指而數者泉州有張岳南通政使張暉光祿少卿劉仲修工部主事黃均知縣趙應實知縣加六品黃示寧波湖州廣信三府知府嘉興有殷彔監察御史陳宣河東運使張翊大理評事顧琛吏部郎中葉春刑部右侍郎張振重慶知府金宗禮部郎中以上俱互見弇州別集泉嘉兩郡志雖進取或有超資要亦有可用者在故知國家未嘗不用異途特患頹靡不肯自立苟有自立者出而不為群妒所射者少矣且當事者不但不為振拔反擬而伺察之使含沙

得行蘭猶其刈是非所以激有志勸後來也

東嶽行宮坊扁曰萬山第一是米元章書第一山刻妙覺巖下者相傳一羽士臨出自書萬字足之

余有米南宮寶藏二字刻于無爲州者徑二尺許大有神勢欲摹刻清源山中客有謂余曰院司且經遊公位下未宜勒石余乃笑而止

庫貯敗鐵甚夥皆先後所收不堪軍器也余嘗監收目擊可用乃兵子飾虛利在揩餉不論

堪否故毀解還余議堪者官給工料分發各
營修理兼用不堪者作鐵與之於軍器銀內
銀七器三照額搭給解驗查盤一如新造之
法併散雨濕火藥而加硝提之計省二千餘
金即於餉銀內扣庫以抵下年額征節軍費
以紓民力計無便此沈都閫士弘力贊如余
言郡司馬楊公司理李公欣然覆議各以歷
任丁艱行視篆汪公因議具申乃當事者泛
視不行終作朽物惜哉

興化有海洋劇寇數輩俱與常惟賊首杜其尚在逋逃乃興化海防同郡夏靖原公所部事也中丞御史臺嚴限不獲一日公密札示余曰此巨寇也幸加意緝之余始物色其人饒於資善航海又多黨與非計得不可乃屬意諜者曰幕君與夏多桑梓情能爲爾地來吾爲若屬幕君圖之否則終爲他擒無脫理爾即走海如妻子家産何杜然其言果至余乃縛送科結初公之緝此賊久屬余最後偶

然耳不虞余得之如吹塵也乃知作惡者終
不能逃法網耳
余司干掫一青衿失盜稱明火强盜刼錢物數
百金在事驗曰城中盜至此極乎切責余往
勘盜蹤至則見一間矮屋門有火炙一孔若
將伸指探扊扅者余不問所失第檢所存有
竹簏一竈傍匡床一綻布被一舊履一量碗
筯數器依床一桌而已余即以開覆在事所
而遣之余問青衿曰公此舉何居青衿答曰

賊雖無所得然生既貧反得所司例守暴客故作此閙事聊欲紿其比追耳城中一夕被盜捕兵實爲之招直巡兩兵一以左腕一以胸次俱帶累傷而不腫裂謂賊棍毆意在抵飾當事辭責司捕之弛於干掫也甚厲余意棍毆處未有不致命且折亦未有不腫且裂者無之是必贗作問諸左右曰吾鄉有草可作傷色者爾泉地云何答曰此名千里急余令取擣碎以二一人塗如其處少焉

成黑以示兩兵兩兵愕然遂得奸狀自是嚮
道絕而外客無所容矣按本草千里急一名
千里及藤生道傍籬落間葉細而厚味苦平
小有毒治疫氣結黃瘴蠱毒煮汁服取吐下
亦擣爛敷蛇犬咬不入衆藥第不載此草可
染膚黑如鳳仙花可染指紅也
棐湜為泉州惠安丞真文忠公守泉時引以自
助有擒賊功甚著公為作墓誌郡志失其名
何也蓋未見西山文集耳

宋進士呂造詩云閩海雲霞遶刺桐往年城郭爲誰封鷓鴣啼困悲前事荳蔻香銷減舊容刺桐城今泉州築城時環城皆植刺桐故號桐城

宋王勺泊宅編云七閩地狹瘠而水源淺遠墾山壠爲田層起如階級然每引谿谷水灌溉中途必爲之磴下爲碓米亦能播精米行中如泉州有水無一滴不爲用山到崔嵬盡力耕之詩蓋紀實也余曰否蓋余於泉嘗履畝

焉聽斷中多有爭水者其田謂之糞水田以
水源遠近爲價之高下如吳中上鄉下鄉然
港脉鮮少源流僅是一溝或積一潭各從其
泒非其田者不得盜決支流田傍各濬土坑
蓄水遇旱置桔槔引灌夜則守之以防盜汲
朱行中所云水無一滴不爲用蓋在此不在
磴碓也余所經浙之金衢達建安始有水碓
田開山壠閒實爲多故余詩有溪中纍石開
泉碓天半鋤雲種水田之句又泉志郡守無

宋行中元祐間有朱服改知婺州婺州即三國時東陽也洎宅編謂朱行中嘗守東陽蓋知行中或即朱服字也

宋陳復齋宓知泉屬安溪時各色錢不係上供例歸縣官吏以例進公曰入縣即爲官錢私有之則贓也良久曰此一例字壞了許多賢士大夫

泉南號文章之藪而載籍甚少何也所見者惟歐陽行周文集真西山忠經清源文獻泉郡

志敬由編王梅溪真西山兩公溫陵留墨祭
文莊公集王遵巖先生集此外無聞焉或曰
藏書家秘而不行耳何怍菴先生曰蒲氏之
變泉郡緊遭兵火無復遺者又僻在一隅傳
播不廣習尚纖嗇梓刻不多地氣卑濕蠹魚
爲虐慨前人之苦心悲後世之澌滅故公集
清源文獻以表前人而引用諸書皆出家藏
也

有一婦因夫出賈便告離夫屬余鞫之余意賈

丑婦離夫謂其終餓死溝中故也經商非貧離之必有姦事陰遣人門外覘之果得姦夫輪訶科斷

余幕佐王君者以細故作瞋相余以釋提婆那與佛問荅三偈解之其問偈云何物殺安樂何物殺無憂何物毒之根吞滅一切善佛荅偈云殺瞋則安樂殺瞋則無憂瞋爲毒之根瞋滅一切善王君爲之改容雖然悔失攻中而怒不可拔矣

泉濱海颶風時作客因曰此非雄風乎然不聞有謂雌風者余同僚山陰俞君善謔曰今內孺威作非雌風乎余笑曰雖然風亦有相偶者宋玉賦有大王風劉孝威詩有少女風風俗通有君子風北史有小人風

優童媚趣者不吝高價豪奢家攘而有之蟬鬢傅粉日以為常然皆土腔不曉所謂余常戲譯之而不存也先是一彪黨舉此以為傷敗風俗建白當事據行之然而此種蓄於有力

家雖禁帶戢弟長彪黨之風則曰吾言足以
取信當事從而伺察人過動欲檢舉設機嚇
詐卑官黠細為之不安余雖白府竟不我信
已而果驗余言故凡建白須出更老要亦事
可施行假公濟私所當深察也
迎神賽會莫盛於泉游閒子弟每遇神聖誕期
以方丈木板搭成抬案索綯綺繪週翼扶欄
置几於中加幔於上而以姣童粧扮故事衣
以飛綃設以古玩如大士手提筐筥之屬悉

以金珠爲之旗鼓雜沓貴賤混并不但靡費
錢物恒有鬪奇角勝之禍至於宵分皷死寂
然無聲便是人消物化境界富貴下場榜樣
矣

雲間徐子丞贊晉江嘗問余曰律例果皆酇侯
作耶余曰漢高祖法三章蕭何增爲九章叔
孫通又增爲十八篇文帝除肉刑景帝減笞
數武帝律令凡三百五十九章大辟四百九
條千八百八十二事後世增删不一我明

情例居多凡遣戍則引例非律也　漢景帝時笞者箠長五尺其本大一寸其竹也末薄半寸皆平其節當笞者笞臀毋得更人畢一罪乃更人然此代斬趾代截鼻非施之罪外者也後世用竹為刑具始於此不但施之罪外甚則五下一更人笞去臀遠至於脖不曰笞而曰打矣　古之五刑一曰墨黥其面以墨湼之二曰劓截鼻也三曰宮淫刑也男子割勢婦人幽閉四曰刖斷足也五曰殺死刑

也今之五刑一曰笞用小荆杖决打一十至五十每一十爲加減一等二曰杖用大荆杖决打六十至一百加減等如上三曰徒拘收在官以應用力辛苦之事一年至三年爲五等半年爲一等酌罪輕重而加減之四曰流流去遠方終身不得還鄉二千里至三千里爲三等五百里爲一等酌罪輕重而加減之五曰死絞斬也絞全其肢體斬身首異處淩遲極刑也

丙午旱暵爲虐米價騰貴兼一時私錢盛行卽
官錢驟亦不用議者欲減價平糴併禁私錢
百姓嗷嗷至於罷市余白府曰泉地米少不
比米多處可以定價今所糴以裕地方者全
在海商若一減價商必走他郡趨厚利泉雖
多財如米之不至何故宜一聽市值俾海商
聞之俱來米既集而價未有不平者若私錢
新鑄也火色未純與官錢畀第緝治以私鑄
之辠則官錢自復府然余言不浹旬而海米

米集其價遂平錢亦復故

丙午夏旱署府別駕舉祭雩之儀禱匝月而土益焦說者謂南門宜禁不爲通者淚何百姓皇皇絕於水火余曰南門閉則宜雨閉久不雨則非南門之故何徒苦百姓爲當事始啟門數日雨

余方辯雨異一書閱泉志至正十三年七月雨白緣書投篚中如得至寶

宋質公亮晉江人少客京邸有隣生泣悲甚問

致生欲獻久之乃曰僕因事負官錢貧無以償僅一女鬻商人四十萬償官行有日故泣耳公曰商人轉徙不常孰若售之我乎生喜卽如數與錢約後三日以其女來吾且登舟以俟生如期往公解維已三日矣公歷官顯要以太保致仕卒年八十贈太師中書令謚宣靖配享英宗廟庭及葬御篆其碑首曰兩朝顧命定策亞勳之碑

薛天華字君穫晉江人其居鄉左戒云毋通要

路者以務養節則俯仰不瀆毋豫塵紛事以
務養寂則内外不擾毋殉末俗態以務養高
則志行不羞毋受非禮餽以務養廉則彼已
不失毋妄結賓從以務養交則戚黨不棄而
善彙集毋苟出言語以務養德則靜噪不爽
而已過息毋逐戀嗜好以務養神則天倪不
伐而和氣全毋厭薄遲鈍以務養量則機心
不熾而真性得毋譏訕世短以務養福則不
慎人以見直而冤責消毋虛邀時譽以務養

誠則不怨已以見賢而潛德進毋妒疾儁能以務養才則不設阱以誣善而有獎藉之功毋歆羨汰靡以務養嗇則不就侈以蠱俗而有由禮之漸公 世廟時官方伯講學厲行以清白稱

蘇隨晉江人嘉祐二年進士令博羅棄官歸號紫雲先生葆神鍊氣不與俗接一夕夢遊異境覺而賦詩曰夢乘鸞鶴到仙家侍女風流魏月華琥珀盞斟千歲酒琉瓈瓶種四時花

金函藏籙文刋玉石壁題名篆點砂一枕北窻初睡覺日移門外柳陰斜後數年端坐而逝

唐僧無等會稽人居南安延福寺盧刺史三請不至遣使仗劍云不下山取頭來無等曰身非我有況頭邪禪寂自若盧嘆曰空生之道一至是乎

宋魏國夫人陳氏晉江人龍圖從易之女內翰蘇紳之妻丞相頌之母三公皆嘗爲杭守陳

題杭郡舍柱云吾少從吾父至此邦中與吾夫偕來今同吾兒凡三到盡閱江山之勝

歐陽公詹初發太原途中寄所思詩有云高城不可見況復城中人以此得函髻之謗何作菴先生曰此樂府體黃璞乃謂公悅太原一妓卒以殞身好事傳之不信韓退之李習之李貽孫信璞何哉余按公詩有太原呈薛侍御齊奉禮和嚴長官登太原龍興閣陪太原鄭中丞登汾上閣上太原李尚書是皆所謂

城中人也故結句云流泙與繫匏早晚期相
覲流泙喻聚散繫匏公自喻若思妓則安用
繫匏且太原妓函髻詩起云自從別後減容
光此乃鶯鶯句剽竊傳會其誣益見矣
張襄惠公巡撫江西時奉詔建嚴內閣迎恩樓
有司重復以請公曰供費如式寔奉　明旨
批卻之又夏　築生墳使司議廣信七縣
每縣措夫價一千　公曰範金爲櫬乎每縣
百金足矣夏謝曰　以德者固當如此

宋鄭俠福清人官司法參軍會大旱民流繪圖上神宗致迁羣奸徙英州元祐初東坡孫覺薦起爲泉州教授

韓國華守泉州祥符元年戊申七月二日生魏公於泉州州宅世言魏公居河朔故其状貌奇偉而有厚重之德見嬾眞子

王文正公曾本泉州人八歲徙青州益都 本朝丘文莊公其祖亦晉江人爲小官於瓊州因家焉

吳中人物志云元陳寶生母莊氏海鹽人其父諱思恭泉州大商贅于莊一年生寶生甫四月恭去商海上久以爲死莊誓不嫁後恭還及五年又浮海去遽溺死莊益守志恭有前娶生子曰寶一在外家莊曰彼所生與吾所乳均出吾子乃質田與之養恭又嘗假債友人五千緡友人至是負官錢繫獄莊曰不可死有所負也傾橐償之寶生與寶一爲兄弟如同胞寶一死寶生爲育其孤女是知莊善

撴之有素也贊生長好文與縉紳大夫游乞
言表揚母節嘗築春草堂奉母于大倉里第
余按嘉興府志海鹽縣舊志徐一夔贊序樂
郊私語俱以莊爲泉人陳爲鹽人以商至泉
贅焉府志又言莊攜其孤歸海鹽莊以壽終
高季廸作詩美之則莊爲泉人似無疑然三
書俱不載莊之償貸及質田養前妻子與贊
生育孤三事樂郊私語又言黃公望子久拉
彥廉字貢生　觀濤陳沆曰陽侯父仇也何恐以

怒眼相見于久爲之動容不看而返因作仇
海賦以記其事其觀濤事人物志亦不載故
並錄出

科第之盛莫盛於泉如嘉靖戊午鄉舉中三十
五人辛酉甲子各三十四人近科有及五十
人者若嘉靖甲辰科入試舉人八十餘人俱
下第此又一時盛衰之異也

真文忠公於嘉定紹定間兩知泉州余讀公集
有登金山詩云江來朱方注之東海潮怒飛

日夕相撞舂天將古來義士骨化作狂瀾中央屹立之青峰爪根直下二千尺動影懸宛冲融中黃金側布蘭若地鑿翠面面開窗櫺雙桄伊軋破浪歷恍忽置我高龍嵸是時千山雪新霽水面月出天清空濤聲四起人籟寂毛髮蕭爽琉璃宮披衣明發躡煙靄決眥俯入歸飛鴻襟前渤澥歙瞑色袖裏岷峨吹曉風越南燕北但一氣塵埃野馬何時窮蒼梧虞舜不可叫王事更恨歸匆匆正德間鎮

江推官史會修京口三山志不載此詩公之
詩至於遺漏他可知矣
歐陽公曰晚唐詩人無復李杜豪放之格然亦
務以精意相高如周朴者構思尤艱極其彫
琢故時人稱朴詩月鍛季鍊未及成篇已播
人口余攷朴呉人隱泉州安溪余有事過縣
經永安里周塘即其隱處後徙福州黃巢攻
城得朴曰能從我乎對曰我尚不仕天子安
能從賊巢怒殺之湧白膏起數尺

布衣黃孔昭泉州惠安人何作菴先生曰孔昭詩如入幽林長薄其樹木皆世所有而鬱然蓊翳遂覺老蒼歷下瑯琊所稱盧謝未之或先

何茂先晉江布衣也陳爾身曰予讀人之文多矣至觀茂先之作多撫几流涕蓋其孝弟之言動人殊深

泉人蔡元偉云孤舟孤燈聖賢爲侶真有一日似兩日氣象

泉南布衣陳建勛年在耆老性好吟咏執操貞
厲居貧若康嘗從何儀部研精墳典於歐陽
行周讀書處超然絕迹可謂挺孤節於靡枝
激淸風於頹俗者矣

宋司農卿湖廣總領詹體仁淳熙間嘗爲泉州
晉江丞程尚書大昌司馬侍郎伋相繼爲守
尤加賞異待以賓禮郡有疑獄必諮焉嘗提
舉浙西常平謂浙右之有漕渠非止通餽運
資國信往來而已蘇秀常潤田之高卬者實

賴之於是開漕渠濬練湖置斗門爲旱潦備眞西山爲公作行狀公於泉郡有善政於吾郡有開渠功泉志失之余爲錄出

守令寮屬雖有崇卑而官制悉志之者昭臣服徵淑慝也間有遺落或承前闕爰採泉與吾嘉兩郡人官是邦者錄于左方以補未備其已志而并錄之者便類考也

泉郡人宦吾嘉者自潘泉外有

林瞳晋江人正統十年任桐鄉令見嘉志泉志作宣德間任由歲貢

林莊　安溪人歲貢正統間任秀水丞見泉志　嘉志闕

林敏　惠安人歲貢景泰間任嘉興丞見泉志　嘉志闕

蘇疇　安溪人歲貢天順間任海鹽訓見泉志　嘉志闕

盧昭　惠安人歲貢天順間任嘉興稅課大使　見泉志　嘉志闕

饒恕　晉江人監生成化十二年任桐鄉訓見　嘉柳志　泉志歲貢

汪順　同安人吏員成化間任崇德丞互見兩　郡志

蕭韶　弘治癸丑任海鹽諭見嘉志　泉志作　博羅訓　嘉興柳志由監生

林秀　晉江人歲貢正德間任桐鄉訓見泉志　嘉志闕

連桂　惠安人歲貢正德間任海鹽諭見泉志　嘉志闕

洪熊 南安人舉人正德八年任平湖訓互見兩郡志

曾仲魁 晉江人嘉靖二年進士給事中陞嘉興池州知府見泉志嘉志闕或未任

徐榮 晉江人進士嘉靖癸巳任嘉善知縣互見兩郡志

温學舜 晉江人進士嘉靖乙未任桐鄉令泉志作海寧

李漢 安溪人歲貢嘉靖間任桐鄉訓見泉志嘉志闕

陳道基 同安人進士嘉靖庚戌任嘉善令互見兩郡志

張國謙 晉江人進士嘉靖癸亥任嘉興推官互見兩郡志

田相 泉人秀水典史

王用中 泉人秀水簿

鍾信 泉人王江涇巡檢以上俱嘉靖間任見海鹽舊志

蔡民望 晋江人舉人隆慶庚午任嘉興同知見嘉志泉志作贛州推官

史朝鉉 晋江人進士隆慶己巳任嘉善令互見兩郡志

蔡貴易 同安人進士隆慶壬申任崇德令互見兩郡志

胡世華 泉人杉青閘巡檢

駱世元 晋江人杉青閘巡檢

王三陽 晋江人進士萬曆辛巳任嘉善令互見嘉志履歷

蔡彭 晋江人進士萬曆甲申任嘉善令互見嘉志履歷

薛喬登 晋江人萬曆丙戌任桐鄉令見嘉志

謝吉卿晉江人進士萬曆己丑任海鹽令見嘉志履歷

林夢琦晉江人進士萬曆己亥任平湖令互見嘉志履歷

郭日疆晉江人萬曆甲午任嘉興簿

余嘉郡人宦泉者自潘泉外有

劉昌海鹽人選貢洪武間任泉州訓見嘉志泉志闕

許珣海鹽人舉人正統間任安溪令見海鹽舊志嘉志作訓導泉志闕

徐忠海鹽人歲貢景泰間任泉州經歷見嘉志海鹽舊志泉志闕

王輔崇德人歲貢天順七年任泉州訓互見兩郡志

周容海鹽人吏員天順間任安溪典史互見兩郡志

鄭恂海鹽人吏員天順間任晉江巡檢見海鹽舊志

汪順嘉興人選貢成化間任泉州訓見泉志嘉志作汪顒

王浩平湖人歲貢成化五年任南安簿見嘉志泉志作湖州人

顧旭嘉善人成化二十一年任永春典史見泉志

周家顯海鹽人吏員成化間任泉州巡檢見海鹽舊志

沈慶嘉興人監生弘治九年任惠安簿見泉志

夏雄[redacted]歲貢任晉江訓導見嘉郡梛志

王箎嘉興人正德九年任泉州訓嘉志作象諴

沈鑨平湖人嘉靖五年任惠安訓見泉志

譚鎰崇德人舉人嘉靖九年任泉州推官見泉志嘉志作桐鄉人

吳元海鹽人監生嘉靖十年任南安簿見泉志

孟鍾嘉興人吏員嘉靖十三年任惠安簿見泉志

俞咨伯平湖人進士嘉靖十九年任泉州知府見泉志嘉志官提學副使

仇俊卿海鹽人舉人嘉靖二十九年任惠安令見泉志嘉志作博士

支大綸嘉善人進士萬曆間任泉州推官以下俱泉修志後任

金枝崇德人進士萬曆間任同安令

李在公嘉興人進士萬曆間任同安令

夏建寅秀水人舉人萬曆間任惠安令

陸鰲來海鹽人舉人萬曆三十年任泉州通判以上互見嘉興志歷科履歷與余一時其事者有費和海鹽人吏員萬曆三十一年任南安典史姚宗圭秀水人吏員萬曆三十一年任晉江縣福全倉副使張化龍嘉興人吏員萬曆三十一年任同安縣金門倉副使朱圭嘉興人吏員萬曆三十三年任康店驛丞不佞懋仁則泉州經歷也

泉州朝天樓考志自唐貞元九年郡牧席相修後無有繼者四門博士歐陽詹序云倚層霄於軒檻納千里乎窗牖此郡北牖之立候樓也萬曆乙巳冬余董城工見其歲久傾圮居

人兢兢焉虞有拉擺之患余亦念圯而後新則爲費鉅故欲易五六朽柱而正之不費官帑不煩民力止取於余所董城工之羨緡中經月可竣議自道府屬余經紀其爭甫庀材而異議鼎沸有謂關於文風者有謂關於火災者又謂非千金非經歲不訖工者甚而曰有巨室重堪輿言賄匠易制者余曰樓有二十四柱僅換六柱而舊制移如衆柱何監司句餘陳公司李故鄣李公拂群議是余言咸

出薪俸助工於是議者不能難是歲十一月二十六日興工十二月二十五日安獸所費才一百有四兩訖工僅三十一日耳因請句餘公扁其樓曰三台拱秀云丙午八月三日海嘯颶作郡中石坊公署多所傾圯惟茲樓巋然獨存慰余始志是歲鄉舉三十三人明年成進士十二人魁二人及第一人館選二人修城銀四百八十兩內節羨七十兩庫余雖罷歸當事自能找發必不累趨事民也

清源文獻曰朱鑑字用明晉江人永樂十二年

舉人官至都御史正統己巳之變公涕泣憤恨於君父之仇疏十餘上皆防邊大計其保障雁門方略至今賴之黃河清曰詳公之世有足陰維社稷動天地而感鬼神者惜彭惠安錄本朝名臣於公偶遺也余考吾學編名臣記弇山堂别集都御史表亦俱未録余故備書以俟補録者按公初授蒲圻教諭以學行擢監察御史按湖廣廣東俱有諭賊緝奸大績權璫王振挾　駕出師公時陞山西左

叅政上疏懇晋極言虜勢　太皇太后讀其疏泣下土木之變公勸兵勤王以遏南侵令論陛右副都御史巡撫山西保障雁門要害公涕泣憤恨以君父之讐不共戴天上疏言天位不可以無主神器不可以久虚宜急立儲君選智勇之將託忠義之臣開直諫之路杜權倖之門早革内侍之政再造中興之業雪前耻以圖後功公在山西十餘年前後奏疏皆防邊大計疏多不錄所賜　璽書至五

十餘道石亭曾以失機爲公所劾憾公公遂
懇致仕家居二十餘年壽八十八無疾坐逝
訃聞 諭葬弘治間公鄉人王宣從祀鄉賢
議云公之爲人雖所行未能盡合聖軌上比
孔庭然其精忠峻節餘韻流風自足以風厲
人臣楷範後學於是公遂列於俎豆矣王宣
者以鄉舉受業蔡文莊公之門養親不仕次
崖林氏曰先生俯視一世仰觀千古使竟其
所至必有發前聖所未發者後亦從祀因併

著焉

余廨在別駕廨前頗曠遠相傳是舊刑館改置

但郡志無此說或者以聽事舊聯有持三尺

肅若秋霜之類非幕官語故謂是司李署耶

安知非當時守法幕官所爲也余以蹇鄙誤

忝非服因念汚則自下彰種潔則人裁妒根

故不爲撓事利巳之圖亦不能秕政罹慹獨

苦黔細困揭一聯曰體齊家之道以從政推

愛巳之心以及人扁其堂曰敬畏然終以奉

三尺爲時不容是以儀部何公賦七言律四首贈余行有官小獨持三尺法身輕不煖一年氈之句

余所蒙知獨太守張公也公行後有書勉余云以足下而猶然魚服也素王安得不錄簡兮哉方今操士如東溼即雖處於囊何能自見願足下如老僧入定一空無際毋令山鬼得窺其伎倆斯或進于群妒耳公老僧入定數語爲余左契敢緣所蒙錄以識媿

謝君辭神柔以小詩云逾年竊祿媿髯參強欲
從時若未諳念自爲兒承母愛忍他鬻子遂
甘分竊鈇以意顏無二投杼隨人至有三若
飲泉黎泉債去祝融災後葬江潭

雜志下

使琉球録

使琉球録

一卷

〔明〕陳侃　撰

清抄本

使琉球録，爲余從陳借鈔，後燬于火。及修鄞志，
又從蕭山他陳借鈔此本是也。當時余嘗校其誤字于陳
本眉端，其手筆録入此本中。其年余至慈西葉氏義庄
觀其藏書，見紀録彙編中刻有此書，則陳氏兩本皆但
得全書之半，其後半卷書覓異以來者無之，將借以録補
未果。而今年志局陸君桂挺經樓檢撥選書亦有是編
覓軒叢書，爲余校其半之誤，而命書人鈔補其後半于
是，此本爲全書矣。編中又有富治録，亦爲余鈔之，則非
全書也。今訂附于後。同治十一年五月二夕徐時棟記

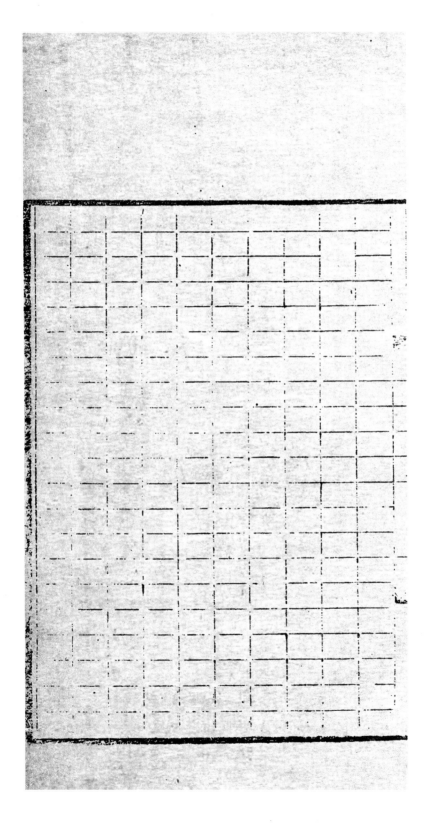

上書有奉使二字字典
引作使琉球錄
航疑抗或航海而來故曰
航章耶二字未知所本
之誤至

琉球錄序

明皇德化誕敷際天所覆聲教咸訖琉球越在海邦世
奉正朔惟謹每易代航章乞封則遣近臣將事嘉靖壬
辰世子尚清以嗣國請
皇上仁覆無外聿修舊章時侃待罪左省俾充正使往
而以行人高君副之銜
命南下歷詢往則自成化己亥清父眞襲封時距今
五十餘禩獻亡文逸悵悵莫知所至考一統志星槎勝
覽等書登載互異罔可據依迺甲午仲夏解纜閩江賴
天子威靈海若效順再旬達其國宣

沐誤休

嬍誤嫉　刻六誤徵

諸誤知

詔勅錫章服如儀尚清率國人稽首踴躍歡呼稱職貢
匪懈已事遄返十月朔還閩可以卜日齋休而見
上矣惟前輩使外國率有紀錄或賦詠非以炫詞華也
窮荒絕裔亦造物者之所陶鎔而風聲曠邈品藻弗及
若道途之險易山川之怪奇風俗之嫉惡人物之醜好
以至昆蟲草木之變安知和味宜服利用備器之不齊
非特採奇好事者所欲知而使事之周爰咨諏自不可
少也因與高君日紀見聞凡道途山川風俗人物之實
起居日用飲食之細皆得知耳目之所親見乃知舊存
紀載殆郢書燕說之類誌其略辨其異此錄之所以不

腴誤腴按道腴見荀子亦
常用德腴不知何出
其下似當有一如字無亦通
稍異耳

索下脫塗字
容當肅然容亦通

容已也君子之飽德腴者或寓目也其大烹之筵薦以
海錯庶幾一下箸乎不然言之無文行之不遠覆瓿之
具爾若繼今使者取以為擿埴索之助容可乎
嘉靖甲午陽月望日四明陳侃書於閩中之長春堂

序云舊有紀載印書更訛誤其既訴其弄云云而
此抄本佚其下半部非全書也宜補抄之
旁校係刻本誤其不誤皆書之

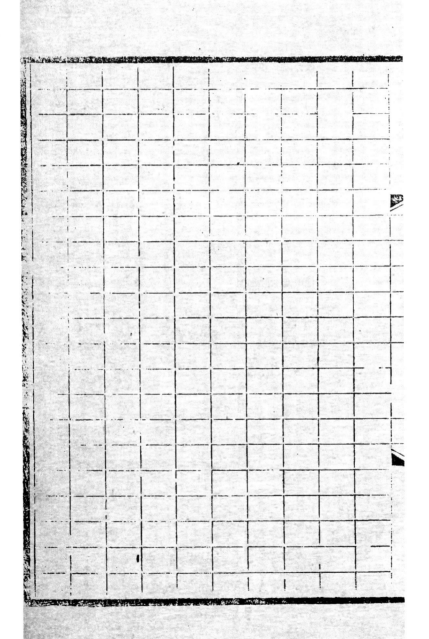

紹誤詔

奉
天承運
皇帝詔曰朕恭膺
天命
為天下君凡推行乎庶政必斟酌乎古禮其於錫爵之 刻本誤旧字
典未嘗以海內外而有間焉爾琉球國遠在海邦 濆 久被
聲教故國王尚眞夙詔 作 顯封已踰四紀茲聞甍逝屬國
請封世子清德惟克類衆心所歸宜承國統朕篤念懷
柔之義用嘉敬順之誠特遣正使吏科給 本 事中陳侃副

琉球録 煙嶼樓初本

以上當有錫或賜字

聞誤耆
當比者又按當比聞
記原本作葬、

使行人（刻缺三字）司行人高澄齎詔往行封爾為琉球國中山王
以皮弁冠服等物王（爾）宜慎乃初服益篤忠勤有光前烈
凡國中耆俊臣僚其同（誤衆）行翼贊協力匡扶尚彌事上之
心恪盡臣藩之節保守海邦永底寧謐用宏我同仁之
化共享太平之休故玆詔示俾咸知悉
嘉靖十（皇帝之寶）一年八月　日
皇帝敕諭琉球國故中山王尚眞世子尚清惟爾世守
海邦繼膺王爵敬（刻誤敬）順天道臣事
皇明爾父自（尚）眞自襲封以來恭勤匪懈比耆（耆）薨逝良用
悼傷爾以家嗣國人歸心理宜承襲玆特遣正使吏科

中下脱山字

作大紅織金胸背麒麟圓領一件

右俱三員 俱搭列

國王依三枚各物俱

日樣

左給事中陳侃副使行人司行人高澄齎詔封爾為琉
球國中王并賜爾及妃冠服采幣等物爾宜祇承君命
克紹先業修職承化保境安土以稱朕柔遠之意欽哉
故諭
頒賜
國王
紗帽全展角一頂　大紅織金胸背一件麒麟圓領一
件　金鑲犀束帶一條　常服羅一套　綠貼裏一件
青褡褸一件　七旒皂縐紗皮弁冠旒珠金事件全一頂　大
紅素皮弁服金鈎玉玎璫全一件　皮弁冠服一副　玉圭袋全

琉球録　二　烟嶼樓初本

錦綬一件 金鈎玉打墻

玉鈎下當有金字刻之

包袱當在大帶之下青

素紵絲以下與妃同也

據後白暎下當有絲字

據後青素當在紵絲

之上

按勅書賜爾及妃冠服衆

幣等物似妃亦當有冠服

也此無之疑脫落

一枚　五章絹地紗皮弁服一套　纁色粧花錦綬一

件　素白中單一件　纁色素前後裳一件　白素中

單一件　纁色素蔽膝　玉鈎一件　大紅素紵絲舄一雙

全織　紅白素大帶一條　紵絲二疋　丹礬紅平羅銷

金夾包袱四件　深青素一疋　黑綠一疋　黑綠花

一疋　白暎布十疋　羅二疋　青素一疋

妃

青素一疋　紵絲二疋　深青素一疋　黑綠一疋

黑綠花一疋　白暎絲布十疋　羅二疋

嘉靖十一年八月　日

祭文

維

嘉靖十一年歲次壬辰　月　朔　日

皇帝遣正使吏科左給事中陳侃副使行人司行人高

澄齋（無此字）

諭祭琉球國中山王尚眞曰維王嗣守海邦四十餘載

敬天事上誠恪不渝宜永壽年為朕藩屏胡為遘疾遽

爾告終訃音來聞良用悼惜遣官

諭祭特示殊恩靈其有知尚克歆服

祭品（紙十枝）

模列二處

司疑等

牛一隻　豬一口　羊一羫　饅頭五盤　粉湯五碗
蜂糖糕一盤　高頂茶食一盤　饗糖五個　酥餅酥
錠各四個　纏碗五個　降香一柱　燭一對　重一觔
梵燭紙百張　酒兩瓶　象眼糕一盤

使事紀畧

嘉靖丙戌冬琉球國中山王尚眞薨越戊子尚清表請襲封下禮部議禮部恐其以孽奪中生也又恐其以馬易牛也命琉球長史司復覈其實戒毋誑越辛卯長史蔡瀚等覈諸輿民達于勳戚同然一詞僉曰尚清乃先王眞之冢嗣立為世子有年昔先王存徵福於

此段波瀾殊可省

天朝顧終惠於義嗣者具文申部宗伯題之越壬辰春
禮部肇上其議請差二使往封給事中為正行人為副
侃與澄適承乏焉
命下之日時夏五望也有為予等深憂者曰海外之行
險可知矣
天朝之使遠冒乎險而小國之主坐享其封恐非以華
馭夷之道盍辭之以需其領予等曰君父之命無所逃
於天地之間況我生各有命在天豈必海外能死人哉
領封之說出於他人之口則為公議出於予等之口則
為私情何以辭為弗聽六月各

絹誤縜

山上疑有闕字或山字亦悞疑賷闕字

賜一品服一襲侃以麒麟澄以白澤俱大紅織金羅為
表縜為裏綠羅褡䙰青羅摺子裏亦用絹使外國必加
服者欲其稱國王位賓主也帶以玉則自備又各
賜家人口糧四名憫茲遐役優以緝御
恩至渥也八月侃等始治裝戒行行之若是徐徐者因
封琉球國舊案禮部失於回祿請查頒賜儀物於
內府各監局彌月而後克明復分造於所司亦難猝製
故勿克行其敢久稽
君命越癸巳五月侃至於山澄亦以六月至閩三司諸
君承禮部咨文已將過海事宜會裁已定造船之制詁

而隨不敢四字為句然太拙矣

䑸字見引於字彙補云音未詳船底木也見陳侃使琉球錄或作𣞘康熙字典改入白部又按此字當音彩

於耆民得之大小廣狹維其制價計二千五百兩有奇予等初欲各具一艘見其費之廣也而隨不敢無益於國而侈其費財之蠹也惟舊制以鐵犁木為舵桿其堅固厚重倍價以贖後果得之財固當惜舵乃一船使命其輕重猶不難辨者七月二日定䑸䑸即船之底木福州府備祭豕二羊二予等主祭三司諸君率府縣官亦與陪焉重王事也定䑸之後方鳩舟人傒功矣侃等與眾官時巡督之十一日遣承差齎本赴京謹題為求封事切照嘉靖十一年琉球國世子尚清奏

琉球錄 五

蒙字當在欽字之上明代官文書欽蒙二字多矣

倫姓亦有之當考明史下亦作倫當不誤

封上疑有冊字

表請封

欽蒙差臣等充正副使齎捧

詔勅前往琉球國封尚清為中山王臣等隨即辭

朝前往(來)福建造船船完之日過海行禮所有齎去

詔勅聞宏治正德年間修撰倫文敘編修沈燾等曾差

往安南國因彼國欲留

詔勅為鎮國之寶俱曾題奉([illegible]鎮未誤)

欽依聽其請留臣等思得琉球國(訛不)封事例遠年無從查

考萬一尚清亦如彼國請留

詔勅臣等堅持執不從恐拂彼敬奉之心聽其請留又

如蒙下加乞字甚不辭然難保明代官文式不如此也省去乞字甚通然寫手何為無故衍此乞字疑之奉疑奏旅上具本言則奉字亦通

非臣等所敢專擅如蒙乞
勅禮部查議應否聽其請留庶臣等有所遵守而臨期不至錯誤矣為此具本專差承差鄭珂齎奉謹題請
旨九月承差至京赴通政司投進奉
聖旨禮部看了來說
欽此隨該禮部覆題云看得
欽差吏科等衙門左給事中等官陳侃等題請齎捧
詔勅前往琉球國封世子尚清為中山王惟恐請留
詔勅乞要查議一節既查有倫文敘等事例合無准其
所奏本部行令各官臨時斟酌如彼國王請留之意果

因上似有等字

切當竊

稍皆梢之悞篙師謂之梢子也

刻本梢皆誤稍 全书八点

出誠懇亦宜俯順夷情聽其請留因奉

聖旨是欽此十一月承差齎儀制司手本至閩侃等伏

覩

睿旨馭夷以誠敢不祗若

明命是月琉球國王進貢船至予等聞之喜閩人不諳海道方切憂之喜其來得詢其詳翌日又報琉球國王船至乃世子遣長史蔡廷美邀予等則又喜其不必詢諸貢者而有為之前驅者矣長史進見道世子遣問外又道世子亦慮閩人不善操舟遣看針通事一員率夷稍善駕舟者三十人代為之役則人喜其不必藉諸前

獲當護

驅而有執事者矣世子其賢矣乎敬使所以敬
君也敬
君所以保國也懷德畏威邦其永孚於休越甲午三月
舟始畢工舟之制與江河間座船不同座船上下適均
出入甚便坐其中者八窗玲瓏開爽明霽眞若浮屋然
不覺其為舟也此則艙口與船面平官艙亦止高二尺
深入其中上下以梯艱於出入面雖啟牖亦若穴之隙
所以然者海中風濤甚巨高則衝低則避也故前後艙
外猶獲以遮波板高四尺許雖不雅於觀美而實可以
濟險因地異制造作之巧也長一十五丈闊二丈六尺

深一丈三尺分為二十三艙前後豎以五桅長七丈二尺圍六尺五寸餘者以次而短舟後作黃屋兩層上按詔勅尊君命也中供天妃順民心也舟之器具舵備四副用其一置其三防不虞也櫓用三十六枝風微逆或求以人力勝備急用也大鐵錨約重五千觔大棕纜八每條圍尺許長一百丈唯舟大故運者不可得而少也小艓舟二不用則載以行用則藉以登岸也水十四櫃海中唯甘泉為難得勺水不以惠人多備以防久泊也通船以紅布為圍幔五色旗大小三十餘面刀鎗弓箭多多益善拜佛郎機亦設二架凡可以資戎事者靡不

周具所以壯國威也而寒外醜之膽也二十五日出塢塢即造船之所亦設祭如定䑸之時其閒若豎桅若浮水若治繚皆有祭行祭禮皆如初靡神不舉靡愛斯牲者

王事孔艱利涉大川祈也四月初八日舟先發南臺南臺距海八百餘里大舟畏淺必潮平而後行日行數里故先之駕舟民梢用一百四十人有奇護送軍用一百人通事行禮醫生識字各色匠役亦一百餘人官三員千戶一員百戶二員亦各給銀二十兩為衣裝費餘各給工食銀五兩三錢五分舊時用四百餘人今革其十

遵悞尊
載當裁

分之一從約也舊列猶有金銀九十餘器金鑲帶四條
備二使過海之用福州府造册開報回文與之云職等
素守清約無事華侈茶鍾酒盞用銀飾者相應備辦銀
酒素銀撒節盂金鑲帶皆不必用雖舊有成案似宜尊
奉但載而行之存乎其人毋得妄費妄斂以污職等名
節造完之日令首領官一員齎領前去回還之日照數
給領若此者貞行也非以要譽也二十六日予等啟行
三司諸君送至南臺魚肉於几釃酒於尊爵三行予等
起謝曰曩時海國之役必數年而始克竣事聞之舟不
易成也今未及期月而有航海之期誰之功也敢不再

拜諸君皆歌蒸民之詩以贈亦再拜遂別是晚宿於舟中翌日至長樂長史舟亦遂行中途為淺所傷臭厥哉具狀伏於階下求為之援予等欲藉以其為前驅即日將行事已亟不可辭判詞於提舉司令申海道久環海衛所禦寇之舟暫遣其歸此固為趙亦為楚意也適分守海道都閫諸君繼至海道亦以一王事為急遂遣之五月朔予等至广石大舟亦至二日祭海登舟守巡諸君設宴為餞是日北風大作晝昏如夕舟人皆疑予等亦有懼心有愛之者勸遲遲其行其行遲而得已於行姑少待焉可也終不得已遲之何益

逆誤送

乎字或是通文或是平字屬下嘉山竟不能曉

今人既集矣渙之恐難卒萃舟不速行器宇易窳有司
費己侈緩則更倍之遂别諸君慨然登舟連日風送五
日始發舟不越數舍而止海角尚淺至八日出海口方
一望汪洋矣風順而微波濤亦不洶湧舟不動而移與
夷舟相為先後出艙觀之四顧廓然茫無山際惟天光
與水光相接耳雲物變幻無窮日月出沒可駭誠一奇
觀也雖若可樂終不能釋然於懷九日隱隱見一小山
乃小琉球也十日南風甚迅舟行如飛然順流而下亦
不甚動過乎嘉山過釣魚嶼過黃毛嶼過赤嶼目不暇
接一晝夜兼三日之程夷舟帆小不能及因失在後十

不能遂上下未懼當有脫悞遂當退上下未懼謂此時上下尚未危懼也

原船二字疑

一日夕見古米山乃屬琉球者夷人鼓舞於舟喜達於
家夜行徹曉風轉而東進寸退尺失其故處又竟一日
始至其山有夷人駕小舠來問夷通事與之語而去十
三日風小助順即抵其國奈何又轉而北逆不可行欲
泊於山麓險石亂伏於下謹避之遠不敢近舟蕩不寧
長年報舵甚堅與風為敵不能進不能遂上下未懼相
持至十四日夕舟刺刺有聲若有分崩之勢大桅原非
一木以五小木攢之束以鐵環孤高衝風搖撼不可當
環斷其一眾恐其遂折也驚駭叫囂亟以釘鉗之聲小
息原船用鐵不足艌麻不密板聯不固罅縫皆開以數

云悮去
又悮有
當重一然字
曷當盍

十轆轤引水不能止眾曰不可支矣齊呼天妃而號剪
髮以設誓予等不能禁徹夜不寐坐以待旦忽一家人
匍匐入艙抱予足口喋不能言良久方去速求神佑船
已壞矣予等聞此心戰神怖無可柰何嘆曰各抱
詔勅以終吾事餘非所計也於此將焉求之而有將焉
逃之是時惟長年數人色不少動但云風不足懼速求
罅縫而塞之可保無虞眾亦知其然舟蕩甚足不能立
心悸目眩何罅之求於是有倡議者曰風逆則蕩順則
安曷回以從順人心少寧衣袽有備尚可圖也有一人
執舵而云海以山為路一失此山將無所歸漂於他國

往疑住此處敘次不明

未可知也漂於落漈未可知也守此尚可以生失此恐
無以救夷通事從傍贊之予等亦知其言之有據但眾
股栗啼號不止姑從眾以紓其懼彼亦勉強從之旋轉
之下舟畀不蕩執燭尋罅皆塞之固水不能入眾心遂
定翌午風自南來舟不可往又從而北始悔不少待也
計十六日旦當見古米山至期四望惟水杳無所見執
舵者曰今將何歸眾始服其先見徬徨躑躅無如之何
予等亦憂之亟令人上桅以覘云遠見一山巔微露若
有小山伏於其旁詢之夷人乃曰此熱壁山也亦本國
所屬但過本國三百里至此可以無憂若更從而東即

受之悞愛之
當有兩東字四十誤四千

日本矣申刻果至其地泊焉十八日世子遣法司官一
員來具牛羊酒米瓜菜之物為從者犒亦有酒果奉予
通事致詞曰
天使遠臨世子不勝忻踴聞風伯為從者驚世子益不
自安欲躬自遠慮邀國事不能暫離謹遣小臣具菜果
將問安之敬予等愛其詞雅愛之時予之舟已過王所
之東風為順夏日誠不易得世子復遣夷眾四十人駕
小舟四十艘欲以大纜引予之舟通事乃曰海中變出
不測豈宜久淹從者世子不遑寢食謹遣衆役挽舟以
行敢告船分左右各維一纜迤邐而行若常山蛇勢亦

上爲字謂之悞

一奇觀也一晝夜亦行百餘里十九日風逆甚不可以人力勝遂泊於移山之奥法司官率夷衆環舟而宿未嘗敢離左右泊至五日予衆苦之在舟日久蘊〔鬱〕隆成疾求登岸以避之而不可得泣訴於予予曰乘桴浮海子路喜之未知浮海之險若此也人至四千力亦衆矣不能挽一舟以行虎賁三千猶足以成武功孰爲〔謂〕浮海爲易耶〔誤爲〕二十三日世子復遣王親一員益以數舟而來風亦微息始克行法司官左右巡督鼓以作氣自夕〔夜〕達旦夷衆亦勇於用力無少懈至二十四日猶未克到世子復遣長史來曰世子聞至移山刻期拱候六日不詹中

心孔棘恐為從者憂謹遣小臣奉慰予等謝之二十五
日方達泊之所名曰那霸港計广石登舟至此幾一月
矣予二人局於一艙不便出入暑氣薰蒸脾胃受疾寢
食弗安兼以風濤之險日驚於心得保殘喘以終
王事嗚呼艱哉是日登岸岸上翼然有亭扁曰迎恩世
子遣眾官大小百餘員隨
龍亭候於亭下予等捧
詔勅安於龍亭眾官行五拜三叩頭禮前行道引行至
天使館館距港約五里不移時而至
龍亭安於中堂眾官復行禮如初進見予等亦行禮而

退予等呼長史問曰世子不迎
詔勅何也對曰洪武禮制凡
詔勅至國世子候於國門之外數代相承不敢違制以
行予等曰守制國之經也臣之良也大以字小惟信之
懷敢惟一己是便而裂信毀制乎聽之然世子雖不至
館館中皆官涖事禮無不肅用無不周下逮從人各
有寢舍時給廩餼亦使之安每三日遣大臣一員問安
具酒二壺菓合兩架酌酒於斗跪而言曰世子念
天使舍崇麗而卑痺是就恐不能朝夕令小臣問候起
居予受其酒乃曰賓至如歸不惟其物惟其誠世子誠

脫以字

矣胡弗安之有歆畢復獻牛羊菜菓初皆麾之后見其
意勤懇間亦或受每一饋子等亦遍及於從人無弗均
六月哉生明報長史舟至北山又越五日始抵國較之
予舟浹旬之隔詢之乃知桅折帆傾非夷衆之熟於操
舟幾何而不飫魚腹也越既望行祭禮王墓不知所在
有寢廟一所在國門外即於廟祭焉封其生者而又祭
其薨者厚也所以勸天下之忠也祭先於封者尊也所以
勸天下之孝也忠孝之道行於四夷胡越其一家矣祭
品皆
欽定之數牲牷惟腯酒醴惟醽醇罔敢弗潔先迎至廟俟

設定後用
龍亭迎
諭祭文予等遂行將至廟世子素衣黑帶候於門外感
予其容儼若憂服之中予等拱而入至寢廟神主居東
西向予等居西南向
龍亭居中南向世子居南北向宣
諭祭文畢世子出露臺北面謝
恩進與予等交拜揖至中堂予等南向坐定世子令長
史申致詞曰清蝸居海角辱玉趾遠臨當匍匐奔邀有
制不敢違越徒懷慚竦今又辱貴及先人幽明倍感敬

庭當廷

刻本臣子所共當守乎賓
主乎者也人欲為善誰不如我
敢辭 當從本文此本

具清酤二卣以獻左右聊用合歡其敢曰休享予等曰
朝廷廷之制臣所當共守而弗斁焉者也人欲為善誰不
如我敢奪人之守乎賓主初覿良用合歡元堂在邇恐
非其時敢辭世子又曰我有嘉賓鼓瑟吹笙吹笙鼓簧
承筐是將禮也斯可以燕樂嘉賓之心今皆無之正以
此耳幸毋辭予等愛其言敬不踰制忠也樂不忘親孝
也忠孝之人可以言禮諾之酒數行皆親獻禮儀卒度
罔弗恭生少頃別隨遣法司官同長史至館致世子辭
曰今人日勞從者為先人寵光小國無以為獻㦲具黃
金十兩為壽予等謝曰世子知道而亦以此浼我乎今

當黎明

持去不從作書與之曰君子交際之間有禮焉義焉禮
以將敬義以㨾物賓主各欲自盡而已今日之舉
君命是將敬共
王事乃其職也歟我以華筵亦云厚矣而又惠我以襄
蹄不已過乎在賢世子固無盡禮在佩等受之則為非
禮授受之間天理人欲判焉辨之明而守之固敢自欺
乎辭不再贄惠無再貽世子果知禮義者得是書不復
再饋祀事畢越七月二日封王是日黎國世子令衆官
候於館門之外導引
詔勅之國國門距館路三十界在山海之間險側高卑

不齊不能如坻如矢將至國五里外有牌坊一座扁曰
中山自此以往路皆平坦可容九軌旁壘石牆亦若百
雉之制世子候於此
龍亭至行五拜三叩頭禮導之國門曰歡會門內逶迤
數步即王之宮宮門三層上有數級之階至正殿巍然
在山之巔設
龍亭於正中行大
封拜禮國王升降進退舞蹈祝呼肅然如式先期五日
長史已請儀制習之熟矣禮畢揖手等至別殿復行見
禮衆官亦拜見如初王暫退出臨羣臣是日維良受

也字亦當是者字

比悮此

天子新命與一國正始羣臣俱四拜為賀臣之尊者親
也捧觴為壽夷俗以此為敬君臣之間亦行之朝罷別
殿設宴金鼓笙簫之樂翕然齊鳴王捧酒歡坐酒清而
烈來自暹羅者此之麯米舂釀人更不須一盞予等但
嘗而已籩豆之實備水陸之珍卿臑燒炙之膳旣旨且
多然不能自製也皆假予等所帶庖人為之蓋夷俗席
地而坐無燕享醵會之時不知烹調和味之劑故假以
文其陋耳獻酬交錯至晡而止予等令儀從迎
詔勅至館王再拜曰小國無以為寶璽書以為寶
先朝詔勅藏之金匱已八葉於茲矣今辱賁臨幸留鎮

自詞奏至驗其並賤

國不爾予小子自底不類為先人羞予等見其詞意雖
誠猶未信也令啟其金匱之藏以驗其誠否之實長史
數臣各捧一道而來
奎璧輝映絢綵一堂遂許留之王喜甚重拜而予等至
館王親一員同長史來饋禮物厲色麾之長跪不起不
得已姑取扇布二物以答其誠餘不受之復與一書曰
士君子立身大節不過義禮二者前書備布想已知之
賢王亦知
朝廷之大法乎
聖天子御極議禮制度萬物維新羣工濟濟皆秉羔羊

論當諭此下當有脫

之節晉如鼯鼠者愁如摧如而已侃等叨居近侍萬里

御

命正欲播

君德於無疆守臣節於不辱為

天朝增重乃敢自冒非義以貽滿槖之譏耶與者受者

其戾一也欲罄清議甘罪不恭王見書令長史來言曰

聖天子威德被海外清聞之常虩虩不自安唯恐不道

為

聖朝棄況

天使之陟降左右者乎敬君之心華夷無二昨論敢犯

諸當讀

觴上以字當衍

朝箴廿二日復設宴名曰拂塵使琉球與使他國不同安南朝鮮之使開讀（諸）詔勅之後使事畢矣陸路可行已事竣返不過信宿琉球在海外候北風而後可歸非可以人力勝者日久（候非）不免會多會多不無情褻勢所必至也踽（復）踽涼涼豈能一日安耶是晏之設籩豆尚楚而方物不陳矣但令四夷童歌夷曲為夷舞以侑以觴傴僂曲折亦足以觀舞罷令世子介子執弟子禮奉酒三爵將行復躬捧玉盃乃武宗所賜者引滿勸白辭以不善飲一酌而止越一十五日之夕颶風暴雨倏忽（然）而止（至）茅舍皆席捲予館亦兀

此夷字疑夏字觀下文夷之君臣句可見

兀不安寢不能寐起坐中堂門牖四壁蕩然無存因念港口之舟恐不能定遣人視之僉曰昏黑不辨牛馬而岐路安可分盡待之風雨果惡亦不能强質明而往王已差法司官率人數百守於舟側矣詢之舟人乃夜半時至也法司亦夷官之尊者路甚遠不避而來予因嘆曰華夷之人風雨晦冥之夕塞向閉戶以避之猶恐未安衝風冒雨行者必其骨月顛沛而不容已孰能視他事如家事而艱險不辭者乎夷之君臣其亦可感也夫

八月中秋節夷俗亦知為美請賞之因得徧遊諸寺寺在王宮左右不得請易往來有曰天界寺圓覺寺此最

其當以或本作上覆以板其板云云抄者脫去以板二字耳

木當本此即俗所謂鐵蕉者

鉅者餘小寺不暇記二寺山門殿宇宏敞壯麗亞於王宮正殿五間中供佛像一座左右皆藏經數千卷吏俗尚佛故致之多上覆其板繪以五彩下用席數重清潔不可容履殿外亦鑿小池池上雜植花卉有鳳尾蕉一木樹似棕而葉似鳳尾四時不改柯易葉此諸夏所無者徜徉良久塵慮豁然但僧皆鄙俗不可與語亦不敢見然亦知烹茶之法設古鼎於几上煎水將沸用茶末一匙於鍾以湯沃之以竹刷瀹之少頃奉歙其味甚清是日王因神降送迎無暇遣王親侍遊至未刻邀坐宴不甚豐而情意則歘洽矣諸從人皆召至階下令通事

者當皆

勸飲旅進旅退各有班序至醉而止向夕回館月明如晝海光映白松影篩青令與人緩步徐行縱目所適心曠神怡樂兹良遇忘其身之在海外也二十三日王始至館相訪令長史致詞曰清欲謁左右久矣因日本人寓兹狡焉不可測其衷俟其出境而後行非敢漫也予等應曰已知之矣海外之國惟彼獨尊深居簡出乃其習也井底之蛙豈可與語天月之高明哉亦具殽核留坐移時別去二十九日請餞行陳席於水亭中觀龍舟之戲舟之制與運舟之法者效華人亦知奪標之為樂但運舟者俱小吏與大臣子弟也各簪金花具彩服雖

頃疑頗
者亦疑皆

濡於水而不顧以示誇耀之意越九月七日復請餞予等謝其煩也深拒之懇之再三而後行至則見其席所列皆非昔比山蔬海錯糗餌粉地酏雜陳於前者製造精潔味甚芳旨但止數品不能如昔之豐詢之左右乃知前此之設皆假諸閩人此則宮中嬪妃親製以表獻芹敬耳臨行長史捧黃金四十兩王乃言曰送贐之禮振古有之非清敢自褻其毋辭予等曰於義可受孟軻氏受薛之饋不以為嫌但予等以
君命來受此而歸是以
君命貨之也惡乎敢王愕然曰

答其疑答以

滅當滅

天使言必稱
君動必比義清知過遂不敢强復手持泥金倭扇二柄
乃曰
天使遠來賜清以弁服即清之師也此別不復再會揮
此或可以繫一念耳予等憫其情受之各答其所持川
扇彼喜不自勝再拜而別十二日登舟官民送者如蟻
皆以漢官威儀不可復覩至有泣下而不忍去者亦足
以見夷人天性之良莫不羨衣冠文物之美拘於法而
不得入是可哀也泊舟之港出海僅一里中有九曲夾
岸皆石惟滅風而後可行坐守六日王日使人侍於其

所字當衍
艙字查

側且致慰詞仍遣看針通事一員夷梢數人護送又遣
王親長史等官駕昔日所駕之舟進
表謝
恩十八日風少息挽舟而出亦斜倚於岸眾恐其所傷
於石大驚幸前月親督修艙不為所傷復止二十日始
克開洋夷舟同行二十一日夜颶風陡作舟蕩不息大
桅原以五木攢者竟折去須臾舵葉亦壞幸以鐵梨木
為柄得獨存舟之所恃以為命者桅與舵也當此時舟
人哭聲震天予等亦知決無生理相顧嘆曰天命果如
此以計免者得之矣孤死尚正邱首嗚呼孤之不能若

也舟人無所用力但呼天妃求救予等為軍民請命亦叩首無已果有紅光燭天影舟人相報曰天妃至矣吾輩可以生矣舟果少留翌日風如故尚不敢易舵眾廢寢食待斃不復肯入艙上同行吏舟遂初相失不知所往二十三日黑霧蔽天風又將作有欲易舵者曰船無尾不能運舟風弱猶可持烈則不可救又不欲易者曰當此風濤去其舊而不得安其新將柰何眾不能決請命於予等予等曰風濤中易舵靜則可以生動則可以死中心惶惑亦不能決令其請珓於天妃乃得吉兆眾遂躍然起舵舵柄甚重約二千餘觔平時百人舉之而

其當以飼換詞
乞之馴之三字

紓換紓

不足是時數十人舉之而有餘兼之風恬浪止倏忽而定定後風浪復厲神明之助不可誣也舵既易衆始有喜色二十六日忽有一蝶飛繞於舟僉曰山將近矣有疑者曰蝶質甚微在樊圃中飛不過百步安能遠涉滄溟此殆非蝶也神也或將有變速令舟人備之復有一黃雀立於桅上令其米詞之馴馴啄盡而去是夕果疾風迅發白浪滔天巨艦如山漂蕩僅如一葦梢後距水不下數丈而水竟過之長年持舵者衣盡溼則艙中受水可知也風聲如雷而水聲助之真不忍聞舟一斜側汗流如雨予等懼甚衣服冠而坐欲求速溺以紓其懼

行上當脫同字

又相與嘆曰

聖天子威德被海内外百神皆為之效職天妃獨不救

我乎輩乎當此風濤中而能保我數百人命眞為奇功

矣當為之立碑當為之奏聞於

上言訖風若少緩舟行如飛徹曉已見閩之山矣舟人

皆踴躍鼓舞以為再生稽首於天妃之前若崩厥角也

二十八日至定海所十月初二日入城痛定思痛不覺

傷感凡接事士大夫㪷其所以無不為之慶幸區區兩

人何德獲此荷

聖天子威福以致神明之佑不偶然也今越旬日行之

以悮之濟悮際

屑上脫不字

前作古米山

茍悮苟

舟尚未至或免漂溺之患焉嗚呼危哉予因是而有所感浮海之舟駕舟以人二者際險之要務也今官府造作什器官之尊者視為末務而屑於查理官之卑者視為奇貨而惟巧於侵欺以故種種皆不如法不久即壞房舍器用什物壞則可修猶未甚害惟舟之壞即有覆溺之患雖有船師在舟亦無及矣前所云故米山之險其明效也後之奉使者軍官不必三員隨行先擇有司之賢者二員委其造船完工之日令其同行彼軀命所關督造必不茍且萬一藩臬不從以至請於

上命可也從予駕舟者閩縣河口之民約十之八因吏

此下照紀録彙編所刻本補抄

人駐泊於其地其與情稔欲往為貿易耳然皆不知操舟之術上文所云長年數人乃漳州人也漳人以海為生童而習之至老不息休風濤之驚見慣渾閑事耳其次如福清如長樂如鎮東如定海所如梅花所者亦皆可用人各有能不能惟用人者擇之果得其人猶可少省一二此貴精而不貴多之意也一則可以節國之費一則可以備衆之生故不惜辭之煩為後生者忠告

羣書質異

大明一統志琉球國在福建泉州之東海島中其朝

音棱

貢由福建以達於京師。國之沿革未詳。漢以來不通中華。隋大業中，令羽騎尉朱寬訪求異俗，始至其國，語言不通，掠一人以反。後遣武賁郎將陳稜率兵至其國，虜男女五百人還。唐宋時未嘗朝貢。元遣使招諭之，不從。本朝洪武中，其國分為三，曰中山王、山南王、山北王，皆遣使朝貢。嗣是惟中山王來朝，其二山蓋為所併矣。風俗男子去髭鬚，婦人以墨黥手為龍虎文，皆紵繩纏髮，從頂後盤至額。男以鳥羽為冠，裝以珠玉赤毛；婦以羅紋白布為帽，織鬬鏤皮并雜毛為衣，以螺為飾，而下垂小貝，其聲如佩。無君臣上下之節、拜伏之禮，父子同床而寢、婦人產乳、必食子衣、食用手、無匙筯、得異物、先進尊者、死者浴其屍、以布帛纏之、裹以葦草、土不起墳、無他奇貨、尤好摽掠、故商賈不通、不駕舟楫、惟縛竹筏、急則羣昇之、泅水而逃、俗尚山海之神、祭以殽酒、戰鬬殺人、即以所殺人祭其神、王所居壁下、多聚髑髏以為佳、所居曰波羅檀動、塹柵三重、環以流水、樹棘為藩、殿宇多刻禽獸、無賦斂、有事則均稅、無文字、不知節朔、視月盈虧以知時、視歲草枯榮以計歲、山川黿鼉在國西、水行一日、高華嶼在國西、水行三日、湖島在國、水行五日、落漈水至彭湖、漸漸低近、琉球謂之落漈、漈者水蓋下不回也。凡兩岍魚舟至彭湖遇颶風作，漂流落漈，回、百無一二。土產鬭鏤樹、硫黃、胡椒、羆、豺、狼。

按琉球國在泉州之東，自福州視之，則在東北，是以去必孟夏，而來必季秋，乘風便也。國無典籍，其沿革不能詳，然隋兵刼之而不服，元使招之而不從。我太祖之有天下也，不加兵，遣使首効歸附，其忠順之心無以異於越裳氏矣。故特賜以閩人之善操舟者三十有六焉，使之便往來，時朝貢，亦作指南車之意焉耳。在昔其國三分，今中山併而為一者，得非沃弱晋强之故與。風俗，男子不去鬚，亦不羽冠，但結髻於首之右。凡有職者，簪一金簪。漢人之裔，髻則結於髮之中。俱以色布纏其首，黃者貴，紅者次之，青綠者又次之，白斯下矣。王受一纏帕，衣則大袖寬博，製如道服然。腰束大帶一，亦各如纏首之布之色，辨貴賤也。足則無貴賤皆着草履，入室宇則脫之。一則藉地而坐，恐塵污；一則以跣足為敬。故王見神、臣見王及賓主相見皆若是也。唯接見予等，則加冠具服履揖遜之間，每見其疾首蹙額，蓋弗勝其束縛之勞矣。其婦人真以黑黥手，為花草鳥獸之形，而手足反無飾。髻如童子之角總於後，而簪珥不加。不知足而為之履。男

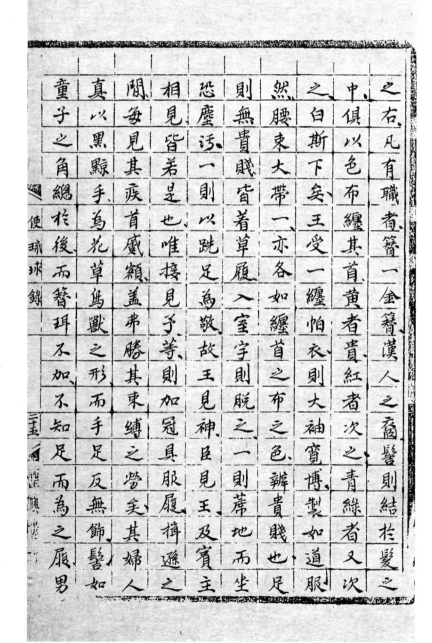

女皆可用也、第富屋則以蘇蓆藉屨底、少加皮緣、即為美觀、上衣之外、更用幅如帷、蒙之背上、見人則以手下之、而蔽其面、下裳如裙、而倍其幅、褶細而制長、覆其足也、其貴家大族之妻、出入則戴箬笠、坐於馬上、女僕三四從之、俱無布帽毛衣螺佩之飾、亦無產乳必食子衣之事也、其君臣之分、雖非華夏之嚴、而上下之節、亦有等級之辨、王之下則王親尊而不與政也、次法司官、次察席官、刑名也、次那霸港官、司錢穀也、次耳目之官、司訪問也、此皆士官而為武職者也、若大夫長吏通事等官、則專司朝貢之貢事、設有定員而為之職者也王并日而視朝自朝至於日中昃凡三次陪臣見之皆搓手膜拜尊者親者則延至殿內賜坐賜酒其卑疏者則移時長跪於階下焉凡遇元旦聖節長至日率衆官具冠服設龍亭行禮祝禮蓋久漸文教非復曩者之陋矣父之於子少雖同寢及長者而有室則異居食必亦用匙筯得異味先進尊者及子為親喪數月不肉食亦其俗之可嘉死者以中元前後日溪水浴其屍去其腐肉收其骸骨以布帛纏之裹以葦草襯土而殯上不起墳若王及陪臣之家則以骸匣藏於山穴中仍以木板為小牖

戸、歲時祭掃則啟鑰視之、蓋恐木朽而骨暴露也地
無貨殖、是以商賈不通、若以為防摽掠、則其國小法
嚴、凡有竊物者、即加以劓刵之刑、人誰敢犯、朝貢往
來、具乘大船、海邊漁鹽、亦泛小艇、未嘗不駕舟楫而
縛竹為筏也、俗畏神、神皆以婦人為尸、凡經二夫者、
則不之尸矣、王府有事、則哨聚而王率世子及陪臣、
皆頓首百拜、所以然者、以國人凡欲謀為不善、神即
夜以告、就擒之、聞昔倭寇有欲謀害中山王者、神即
禁錮其舟、易而水為塩、易而米為砂、尋就戮矣、為其
守護斯土、是以國王敬之、而國人畏之也、尸婦名女

君、首從動經三五百人、各戴草捲、攜樹枝、有乘騎者、有從行者、入王宮中以遊戲、一唱百和、聲音哀慘、來去不時、唯那霸港等處不至、以此多不良者、家兼有漢人故也、閩人為王倩作宴者、身親見之、且傳聞封王日必見天使、是日不來、此則真有、殺人祭神則非也、王宮之室、建於山嶺、國門扁曰歡會、府門扁曰漏刻、殿門扁曰奉神、四圍皆石壁、無有波羅檀動之名、亦無聚髑髏為佳之說、門外有石砌、砌下有小池泉自石龍口中噴出、名曰瑞泉、王府汲之供飲食、取其甘潔也、道路坦夷、曾不設塹樹棘以為險、殿宇朴素、亦不雕禽刻獸以爲奇。至於賦歛、則竊古人井田之遺法、但名義未解。備王及臣民各分土以爲祿食、上下不交征。有事如昨、封王。所用布帛粟米力役之征、則暫取諸民而不常也。雖無經生卜士之流、然亦諳漢字、奉正朔、豈至視月盈虧以知時、視草榮枯以計歲哉。

山川則南有太平山、西有古米山、馬齒山、北有硫黄山、熱北山、灰佳山、移山、七島山、蓋不止龜鼊等嶼、彭湖等島而已。落漈不知所在、殆遠去琉球、而非經過之處也。昨見古米山所急、雖多聞舟有至此而敗者、亦不亞於落漈之際矣。

土產無鬪鏤樹、亦無

胡椒、硫黄雖產北山、而取之亦甚艱。無熊羆豺狼虎豹猛獸、是以多野馬牛豕、價廉甚、每一值銀二三錢而已。豕雖賤、人有以終歲不獲食者、貧約故也。凡殺生不血刃、但以水溺而火其毛、不畜犬、亦鮮鵞鴨、鶯燕鸛鵲之族、俱無、唯烏鴉麻雀而已。有蛇蝎、蝎亦螫人焉。蛇則不為害、聞前使遭者恠之、驚無是事也。穀則有芑蕉甘稻秫稷麥菽、蔬則有瓜茄薑蒜葱韭等品、果則有芭蕉、甘蔗石榴橘柿之類。人言冬瓜可以解渴、甘蔗巨如盌形、皆非也。至于壁間有蟲形如中國之蝎虎者、聲嘹如雀、則罕異焉。

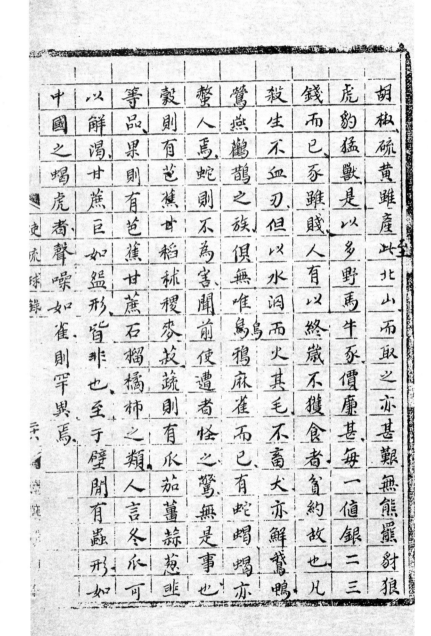

贏蟲錄　琉球當建安之東水行五百里土多山峒峒有小王各為部隊而不相救援　國朝進貢不時王子及陪臣之子皆入太學講書禮待甚厚

按福州梅花所開洋順風七晝夜始可至琉球也水程計之殆將萬里矣若夫建安則建甯屬邑也又在福州之西北而云水行五百里不知自何洋發舟而若是乎其近易耶琉球固多山而崆峒則少王之子弟雖出分各山而未嘗不聽徵調如祭王封王等日則各率所部戎服而列伍以防衛則其有時事而相為救援可知矣歸附　國家之初朝貢固無定期今每

二年而一舉至于今子弟入太學僅于洪武二十二年而創見之嗣是唯遣陪臣之子進言讀書大司成教以誦詩學禮處以觀光之館夏葛而冬裘朝饔而夕飧禮待不亦厚乎邇如蔡廷美鄭賦梁梓蔡瀚等皆俊秀可教曾北學中國受業名儒今皆補為長史都通事等官進見之時儀不忒而言有章未必不自讀書中來也其他則苦禮法之拘衣冠之縛矣

星槎勝覽　琉球國山形抱合而行一曰翠麗一曰大崎一曰斧頭一曰重曼高聳叢林田沃穀盛氣候常熱酋長遵理不科民下釀甘蔗為酒煮海為鹽能習讀中

國書、好古畫銅器、作詩効唐體、地產沙金黃蠟、

按琉球國之山形、雖南北一帶、而生不甚抱合、亦無翠麗等四山之名、且形勢卑小、不高聳、林木樸樕、不茂密、厥田沙礫、不肥饒、是以五穀雖生、而不見其繁碩也、氣候不常熱、雨過即涼、秋冬亦雨、霜雪其地近北故也、政令簡便、各食分土、故曰酋長遵理、不科民下、造酒則以水漬米、越宿、令婦人口嚼手槎、取汁為之、名米奇、非甘蔗所釀、亦非美姬含米所製、其南番酒、則出自暹羅、釀如中國之露酒也、陪臣子弟、與凡民之俊秀者、則令習中讀中國書、以儲他日長史通

事之用、其餘但從倭僧學書着字而已、古畫銅器、非其所好、其所好者、惟鐵器綿布焉、蓋其地不產鐵、土不綿、故民間炊爨多用螺殼、紅女織紝、惟事麻縷、如用以釜甑爨以鐵、耕者易自王府而後敢用之、否則犯禁而有罪焉、至於作詩則弄文墨、參禪乘者、間亦能之、而未必詹體之効也、地不產金、亦無黃蠟及玻璃等物、通國貿易、惟用日本所鑄銅錢、薄小無文、每十折一、每貫折百、殆如宋季之鵞眼綖貫錢也、曾聞其國用海巴、今弗用矣、然與其用是錢、孰若用海巴之猶涉於貝哉、

集事淵海　琉球與泉州之島曰彭湖者煙火相望其人驍健以刀稍矢劍鼓為兵器旁有毗合那國語言不通袒裸盱睢殆非人類

案地之相去近則可望遠則視之而弗見也琉球去彭湖不下數千里山川出雲蜃氣作霧則光景且伏矣煙火可得而相望乎閩中士夫常曰霽日登鼓山可望琉球蓋所望者小琉球也若大琉球則雖離婁之目亦豈能明見萬里之遠哉若曰其人驍健則誠是也蓋生有膂力柰饑渴勞苦熟嘗挽舟之時雖終日不食終夜不寢而亦未嘗告病雖直賊者若是雖

酋長之貴、亦慣勤動、大風暴雨、雖夜必興、相徒行露立之於港邊、以防舟之漂蕩焉、而寒溼不能使之疾也、國無醫藥、民亦不夭札、或壯老始生痘瘡、地雖卑溼、而不見其疲癃殘疾之人、是豈盡出於稟賦哉、亦由其薄滋味、寡嗜慾、元氣固而腠理密也、第人尚忿爭、有不平、即以小刃殺人、度不免、亦剖腹自斃、所用兵器、如刀劍弓矢之類、亦嚴利勁直、弓稍長、如掘擔、射則樹於地、而兩手彎之、矢可至二百步許、盔甲製以皮革、進退節以金鼓、鄰國目為勍敵焉、其國西南則暹邏、東則日本、聞東隔有人、鳥語鬼形、不相往來、豈即所謂毗舍耶國耶。

杜氏通典　琉球國王姓歡斯氏、名渴剌兜、土人呼之為老羊、妻曰多拔茶、居舍大十有六間、王乘木獸、令左右輿之、凡宴會執酒者、必得呼名而後飲、上王酒者、亦呼王名、然後啣杯共酌、歌呼蹋蹄、音頗哀怨、扶子女上髆、搖手而舞、又曰民間民戶、必安獸頭、

案琉球國嗣王、姓尚氏、名清、又名真、祖名圓、自上世以來、皆命名以漢字、妃皆選自民間女子、土人稱王曰敖那、稱妃曰札喇、無呼老羊并多拔茶之稱也、至於陪臣則無姓氏、但以先世及以所轄之地為姓名、

如王親礼加迷益器法司官甯沽安舟也皆地名也若大夫金良長史蔡瀚蔡廷美都通事鄭賦梁梓林國等凡有姓者皆出自欽賜三十六姓者之後裔焉王之居舍向南者七間向西者七間以南者舊制不利於風土水反以西者為正殿閣二層上為寢室中為朝堂與臣下坐立凡閣門俱五色土珠為簾櫳中三間略加金碧傍有側樓亦有平屋皆以板代瓦廉不遠地而階亦近除僅如中國公侯之宅無越制也王出入乘肩輿非木獸以十六人扛之傘蓋用五色從者數百人鼓吹導前戈矛擁後乃以土珠小團

扇四柄、貼金葫蘆一對為儀衛、不知所取焉、宴會不時、禮儀簡朴、陪臣每稱觴以壽王、王與之坐而共飲、但不至于呼名也、樂用弦歌、音頗哀怨、嘗聞其曲有人老不少年之句、亦及時為樂之意、如唐風之山有樞也、更以童子四人、手繫折而足婆娑以為舞焉、所謂蹋蹄之歌、女子之戲、皆非也、大抵琉球俗朴而忠、民貧而儉、富貴家僅有瓦屋二三間、其餘則茅茨土階、不勝風雨飄搖之患、人不善陶、雖王屋亦無獸頭、況民間乎、傳者訛矣、

使職務要」洪武永樂時、出使琉球等國者、給事中行

人各一員假以玉帶蟒衣極品服色預于臨海之處經年造二鉅舟中有鎗數區貯以器用若於又藏棺二副棺前刻天朝使臣之柩上釘銀牌若干兩倘有風波之惡知其不免則請使臣仰臥其中以鏁錮之舟覆而任其漂泊也庶人見之取其銀物而棄其柩于山崖俟後使者因便載歸遡者鑿泊没之禍奏准待藩王繼立遣陪臣入貢乞封及命命使臣齎詔敕駐海濱以賜之此得華夷安危之道雖萬世守之可也

案我朝封錫藩王之制如安南朝鮮則遣編修給事中等官為使占城琉球則遣給事中行人等官為

使各給以麒麟白澤公侯伯駙馬之屬服、恩榮及極矣、故感激圖報之下、往往有人、且安南朝鮮國、陸路可通矣、若占城及琉球、則海邦也、必于廣東福建臨海之處、經年造二鉅舟、以涉大川、余等以一舟所費、已及二千五百兩有奇、若一人各一舟、非唯倍其費、抑亦不克共濟矣、故止造一舟、至于藏棺釘牌之事、原無事例、縱有之、亦無益也、故今有司不設備焉、大抵航海之行、亦危矣、凡親愛者之慮、靡不周、有敎之以舟傍設桴、如羽翼者、有敎之以造水帶者、有敎之多備小船者、殊不知滄溟萬里、風波莫測、凡此舉不

足恃也、所恃者惟朝廷之威福、與鬼神之陰隲焉耳、
若乃領封之說、則肇自前使占城者、正副畏難、不肯
航海、以畢事、曠日持久、渠國不獲已、而領自海濱、非
俞旨也、嘗稽古諸侯凡嗣立、俱以士服入見 天
子、而後受封、今之四夷、即古荒服諸侯也、雖不克入
覲 天王、俾其於海濱領封、亦無不可、蓋中國尊而
當安、外夷賤而當危也、豈直省不貲之費而已哉、經
國者為之建白可也、
大明會典 琉球自洪武年間、其中山王山南王山北
王、皆遣使奉 表箋、貢馬及方物、洪武十六年、賜國王

渡金銀印并文綺等物山南王亦如之後賜中山王山南王山北王紵絲紗羅冠服王妃紵絲紗羅王姪王相率官絹公服永樂以來國王嗣立皆請命冊封自是惟中山王來每二年朝貢一次每船一百人多不過百五十人

貢物

馬　硫黃　蘇木　胡椒

螺殼　海巴　生紅銅　牛皮

刀　擢子扇　錫　瑪瑙

烏木　磨刀石　降香　木香

案琉球貢物，唯馬及硫黃、螺殼、海巴、牛皮、磨刀石，乃其土產；至於蘇木、胡椒等物，皆經歲易自暹羅、日本者；所謂櫂子扇，即倭扇也。蓋任土作貢，宜其惟正之供，而遠取諸物，亦其獻琛之敬，則夫符璽之賜，章服之頒，得非顯忠嘉善之典歟。

天妃靈應記

神怪之事，聖賢不語，非忽之也，懼民之惑于神而遺之道也。佩自登歲，承傳師之傳，佩敬而遠之之戒，凡禱祠齋醮、飛符噀水、誦經念佛之類，閭黨有從事者，禁之不可，則出避之，或過其宮則致恭，效程子焉。迺者琉球國請封、上命侃暨行人高澄澄往將事、飛航萬里、風濤叵測、璽書鄭重、一行數百人之生、厥繫匪爰順輿情、申閩人故事、禱於天妃之神、且官舫上方、為祠事、之舟中人朝夕拜禮必虔、真若懸命於神者、靈妃既果昭、將至其國、逆風蕩舟、漏不可禦、羣乞神、風定塞衂、乃得達、及成禮還、解纜越一日夜、風大作、檣折舵毀、羣謀如初、須臾、紅光若燭龍自空來、舟皆喜曰、神降矣、無恐、顧風未已、又明日黑雲四起、議易舵未決、卜珓於神、許之、易之時、風恬浪靜、若在沼沚、舵舉甚便、若插籌然、人心舉安、允荷神助、俄有蝶戲舟、及黃雀止檣、或曰、山近矣、或曰蝶與雀飛不上百步山何在其神使報我以風予以其近于載鳴鳶之義頷之曰謹備諸已而颶風夜作人力罔攸施衆謂胥及溺矣予二人朝服正冠坐祝曰我等真誠恪共
朝命神亦聰明正直而一者胥庶幾顯其靈語畢風漸柔黎明達閩神之精英烜赫能捍大患如此謂非
皇上懷柔百神致茲效職哉然非身遇之安敢誣也按之祭法廟而事之允宜在宋元時已有封號廟額
國朝洪武永樂中屢加崇焉予二人縮廩附造舟餘直新之木石崇崎行祠則從行者斂錢以脩行當聞之
朝用彰神貺因紀其概高君讓佩筆舉

以遠巡按御史方君涯題之文命福郡倅姚一和視勒
諸石、
夷語附

天文門

天 甸尼
風 嗑濟
雨 嗑也
霜 失毋
露 禿有
起風 嗑濟祿姑福

日 兆祿
雲 枯木
雪 由其
雹 科立
電 波得耶
天陰 甸尼奴奴木的

月 都急
雷 邦眉
星 波世
霧
天晴 甸奴奴法立的
明日 阿者

下雨　嗑也福祿

昨日　乞奴

地理門

地　只泥

河　嗑哇

水　民足

石　依石

城　遶

灰　活各力

瓦　嗑哇嗷

下雪　由其福祿

風雹　嗑濟科立

土　足只

海　五也

冰　谷赤里

井　依嗑嗷

泥　也祿

橋　松只

岸　倭失

霞　嘎嗑尼

江　密刀度

山　牙馬奴

路　密集

墻　拿別

沙　是那

磚　牙反亦失

遠　它加撒

近 即加撒　長 拿盒失　短 家失拿失

前 馬七　後 吾失祿　左 分達里

右 民急里　上 吾七　下 世莫

東 加失　西 尼失　南 未南米

北 乞大

時令門

春 法祿　夏 拿都　秋 阿及

冬 由褐　冷 辟牙撒　熱 噓子撒

寒 辟撒角祿　暑 奴祿撒　陰 枯木的

陽 法立的　晝 皮祿　夜 由祿

早 速多
晚 約姑里的
時 士祿

氣 赤急
年 多失
節 節苎谷尼

正月 燒哇的
二月 盃哇的
三月 撒哇的

四月 廿哇的
五月 悪哇的
六月 的祿谷哇

七月 的式的哇
八月 的法只哇
九月 失哇的

十月 桑桂的
十一月 失木都及
十二月 失哇思

花木門

茶 札
花 法拿
米 谷米

樹 拿急
果 吾七
松 馬足

栢 馬足拿那急
竹 達急
筍 達急

東 那都也
菜 菜
香 穚
茄 利是
蘇 司哇

鳥獸門

龍 達都
馬 馬馬
兎 吾撒急
雞 亡立

草 谷撒
梅 吾七
蓮花 花孫 奴法
甘蔗 翁急
虎 亡喇
獅 失失
熊 谷馬
鵲 苔嗑

依 吾利
葉 尼
龍眼 龍暗
胡椒 谷燒
鹿 加月
牛 吾失
象 槽
猪 吾哇

驢 仝
皮 嗑哇
魚 亦窩
猴 撒祿
鳳凰 失窩
獅子 失失
象牙 查查華
喜雀 孔加查思

宮室門

門 勤那

騾 仝
鼠 攝
羊 非都只
龜 嗑也
麒麟 其辨
獬豸 害宅
玳瑁 嗑也那各
鶴頂 它立尼谷只
窗 慢多

狗 亦奴
鶯 打谷嚕
蛇 密密
雀 孫思七
孔雀 公少
仙鶴 司祿少
牛角 吾失祖奴
房 赤葉

樓 塔嗑　井 依嗑喇　河 嗑哇

御 家集　丹墀 家集　御橋 朴只

皇 谷倌谷　館驛 館牙　瓦房 嗑哇喇

器用門

盔 不力千　甲 約羅衣　刀 谷知

箭 牙力　弓 由米　弦 克奴

鎗 牙力　卓 代　盤 松只

盆 大箭　瓶 瓢　床 随谷

船 福它　樟 花時　舵 香失

櫓 羅　篷 賀　筋 朴只

帶 文帖

筆 分帖

紙 嗑也

碗 麻佳里

花瓶 法拿飄

箱子 凱

棋子 乞是

畫 葉

字 開的

硯 孫思利

屏峰 飄市

香盒 福法各

酒鍾 撒各子急

玉帶 衣石乞各必

書 福密

墨 思墨

鎖 沙舍奴

香爐 稿炉

倭扇 吊季

茶鍾 溥嗑子急

金鍾 孔加尼廂加里

人物門

皇帝 倭的每

王子 敖那吾哇

王妃 奴喇

朝廷 倭每奴

國王 敖那

大夫 大福

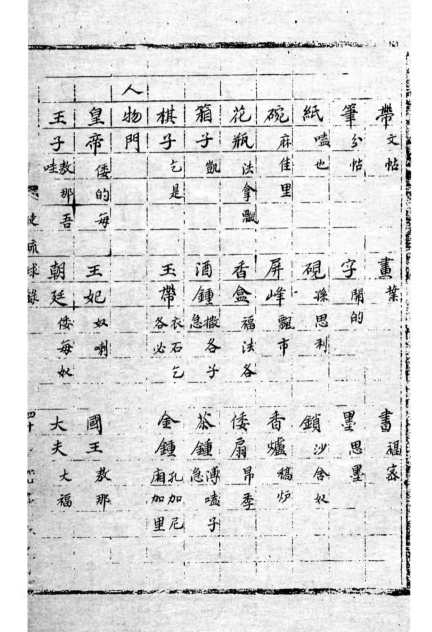

長史 文思
使者 使臣
通事 度日

正史 申思
副使 副司
唐人 大力那必周

師傅 失農色
和尚 鮑子
父親 阿公都

母親 阿也
琉球人 倭急拿
日本人 亞馬奴必周

大明皇王 大苗倭
朝貢使臣 嗑的使者
兄 先托

妻 眠多木
子 吾哇
琉球國王 倭的拿敖拿

人事門

跪 非撒慢都急
說 嗑達里
拜 排是

興 吾達里唆亦
走 七姑
去 亦急

來 外亦利
你 吾喇哇
我 昂哇

有　阿力
歹　哇祿撒
睡　眠不里
入朝　大立葉密達
立住　答只歪立
朝貢　嗑得那
表章　虎烏
進貢　嗑得那
報名　包名
是起　速多密的

無　乃
買　烏利
請來　盖美失
鞠躬　烏遜皮
叩頭　嗑籃子
平身　各失吾奴必約
賞賜　非進的
進表　漂那阿傑約
辭朝　慢多羅
下程　林斤

好　約達撒
賣　高葉
見朝　大立葉亦急
底頭　烏其利
謝恩　密溫普古礼
慶賀　密由歪利
起來　揭知
進本　盆那阿傑的
回去　慢多羅
筵宴　札半失

教書 着谷少　拿来 莫只箇　好看 約達撒
不好 哇祿撒　放下 吾着刻　作揖 撒哇利 是礼
給賞 非近的　方物 木那哇　多少 亦如撒
言語 谷只　曉的 失達哇　不曉的 民約失 達哇
聖旨 由奴奴 失　御前謝恩 悪牙容 溫谷里　且慢走 烏共利藍 子其馬
上緊走 排谷 亦息　上御路 悪牙容 即的里　再叩頭 麻達嗑 藍子馬

衣服門

段 愬司　紗 撒　羅 羅
紬 柔　絹 都谷七　布 木綿
靴 各是　韈 都谷七　鞋 三本

欽當作飲

帽 帽
網 網巾
彩段 法拿那（如）
竹布 達乞木（綿）
改機 蓋乞

飲食門

酒 撒急
飯 翁班尼
菜 菜
鮮魚 必沙莫（知）

紗帽 紗帽
圓領 急那
綿布 奴奴木（綿）
葛布 葛布
倭絹 活見
肉食 失
麪 以利蒙（己）
水 民是
喫茶 昂乞利（比）

帶 文必
衣服 急那
夏布 拿都木（綿）
官 活見
西洋布 尼失木（綿）
茶 札
菓 吾也
酒飯 撒急翁 班尼
喫飯 昂乞利 翁班尼

面居米誤回

喫肉 昂乞利 失失

身體門

頭 嗑藍子　耳 眉　眉 馬由

面 它　口 谷之　牙 華丶

鼻 花那　手 帖　脚 悪失

心 各各羅　身 度　髮 加藍

眉毛 不潔　鬍 品其

珍寶門

金 孔加尼　銀 南者　銅 嗑加尼

鐵 谷祿嗑 厄　錫 失祿加尼　錢 熟厄

鈔　支石
玉　衣石
珠　達馬
石　衣石
瑪瑙　吾馬那達馬
珊瑚　牙馬那達馬
珍珠　達馬
水晶　民足達馬
玉石
琥珀　它喇
犀角　吾失祖悉奴
倭刀
硫黄　與敖

數目門

一　的
二　答子
三　密子
四　由子
五　亦子亦子
六　木子
七　拿拿子
八　甲子
九　木木奴子
十　吐
十一　吐的子
十二　姑姑好子

十三 吐客子
十四 吐由子
十五 子赤赤子

十六 吐木子
十七 子吐拿拿
十八 吐由子

十九 子吐姑奴
二十 達子吐
一錢 每亦子止買

二錢 尼買米
三錢 杉買每
四錢 深買每

五錢 吾買每
六錢 每禄谷買
七錢 每式止買

八錢 每法只買
九錢 姑買每
一兩 就買每

十兩 就每辟牙谷
一百兩 姑辟牙
一千兩 吐失箇森油

一萬箇 吐失麻柔
千歲 森那
萬萬歲 麻

通用門

買 吾利
賣 高葉
來 外亦利

去 亦急
說 嗑達力
看 客只
求 答毛里
起身 急榻知亦
起去 急榻知亦
起來 榻知
回去 慢多羅
說話 嗑達力
不敢 楊客撒
曉的 失達哇
知道 失知
付答 仝
回賜 仝
好看 約達撒
不好 哇祿撒
買賣 亞及耐
有無 阿力及
東西 失加尼尼
不知道
明早起身 阿者速多
寀 知

夷字附

い 以
ろ 路
は 罷
に 尼
ほ 布
へ 比

使琉球錄

と 度	ち 知	り 利	ぬ 奴	る 而	を 倭
わ 哇	か 加	よ 有	た 他	れ 吕	そ 魁
つ 子	ね 尼	な 那	ら 剌	む 武	う 烏
ゐ 倚	の 怒	お 窩	く 古	や 乎	ま 未
け 去	ふ 不	こ 孤	え 依	て 的	あ 惡
さ 沙	き 其	ゆ 又	め 末	み 美	し 實
ゑ 泄	ひ 亦	も 毋	せ 世	す 是	京 敲

夷國上下文移往來書札止寫此數字凡音韻略相類者即通用也

使琉球錄後序

天下事履之而後知及之而後喻未有不身試之而知其然者壬辰歲陳思齊暨余被使琉球命人皆曰航海之役危矣哉盍訪諸前使而稽其所錄耶越旬獲觀詔敕琉球舊章始知前為給舍董君旻司副張君詳於時二君已不祿矣而鋟諸梓者復遺失而莫之可稽良用憂懼乃取載諸書而參考之見其為說頗異臆紈吏或有是也及今夏五月至其國土東風便使歸其間得於見聞之久詢訪之真者似與諸所載少不同是非獨外訛之故或風以化移俗因時異月異而歲不同耳故

因紀使事而復質之諸書以見 今日聲教之大同而蠻夷之丕變也雖不足續王會之圖成風土之紀然於後之奉 使者則未必無小補云

嘉靖甲午十月乙亥古燕髙澄序